山西省本科教学质量提升工程项目：基于 IPO 模式的线上线下混合式教学研究——以计算机专业基础类课程为例（项目编号：J2020291）

忻州师范学院 1331 工程专项课题：五台山旅游知识图谱的构建及推荐算法研究（项目编号 2021133101）

基于数据挖掘技术的教育大数据应用技术与实践研究

李 静　杨 瑜　著

· 长沙 ·

图书在版编目（CIP）数据

基于数据挖掘技术的教育大数据应用技术与实践研究/李静，杨瑜著. — 长沙：中南大学出版社，2022.8

ISBN 978-7-5487-4972-1

Ⅰ. ①基… Ⅱ. ①李… ②杨… Ⅲ. ①教育工作 — 信息化 — 研究 Ⅳ. ①G43

中国版本图书馆CIP数据核字(2022)第113003号

基于数据挖掘技术的教育大数据应用技术与实践研究

JIYU SHUJU WAJUE JISHU DE JIAOYU DA SHUJU YINGYONG JISHU YU SHIJIAN YANJIU

李静　杨瑜　著

□出 版 人　吴湘华
□责任编辑　谢金伶
□封面设计　优盛文化
□责任印制　唐　曦
□出版发行　中南大学出版社
社址：长沙市麓山南路　　邮编：410083
发行科电话：0731-88876770　　传真：0731-88710482
□印　　装　石家庄汇展印刷有限公司

□开　　本　710 mm × 1000 mm　1/16　□印张 11　□字数 189 千字
□版　　次　2022 年 8 月第 1 版　□印次 2022 年 8 月第 1 次印刷
□书　　号　ISBN 978-7-5487-4972-1
□定　　价　68.00 元

前　言 Preface

大数据时代已经来临，它将在众多领域掀起变革的巨浪。但我们要冷静地看到，大数据的核心在于为客户挖掘数据中蕴藏的价值，而不是软硬件的堆砌。因此，针对不同领域的大数据应用模式、商业模式研究将是大数据产业健康发展的关键。我们相信，在国家的统筹规划与支持下，通过各地方政府因地制宜地制定大数据产业发展策略，通过国内外 IT 龙头企业以及众多创新企业的积极参与，大数据产业的未来发展前景十分广阔。

未来的教育和学习将进入大数据驱动的新时代。大数据时代，教育将从“用经验说话”转为“用数据说话、用数据决策、用数据管理、用数据创新”。教育从业者通过大数据来分析学习进程和结果，进一步改善教学方式与方法，有助于实现“改善学习成果、促进自主学习”，有利于大幅度提升教与学的效果，提高学生的综合素质。

本书属于教育大数据方面的著作，由数据挖掘与教育大数据、数据挖掘关键技术分析、教育大数据的基础知识、教育信息化中数据处理研究、教育大数据对现代教育系统的意义与影响、基于数据挖掘的教育大数据应用与实践六部分组成，全书以数据挖掘技术、教育大数据为研究对象，分析数据挖掘技术在教育中的应用，对从事数据挖掘、大数据技术、教育等方面的研究者与工作者具有学习和参考价值。

李静　杨瑜

2022 年 6 月

目 录 Contents

第一章　数据挖掘与教育大数据

第一节　数据挖掘概述

一、数据挖掘的基本流程

数据挖掘大致分为数据预处理、数据挖掘、模式评估 3 个阶段（图 1–1）。其中，数据预处理包括清洗、集成、选择、变换等步骤。由于原始数据中含有噪声、错误、缺失等，预处理的第一步是对数据进行清洗，消除数据中的噪声和无关数据，修复错误数据，填补缺失数据等。接下来是对来自不同数据源中的数据进行集成，将有关的数据组合在一起构建数据仓库。数据仓库中的数据并非都与挖掘主题有关，因此必须从中选出与挖掘主题密切相关的数据，这样一方面可以减少计算量，另一方面还可以消除无关数据的干扰。选择完数据之后，还需要对目标数据进行变换，如线性回归分析、主成分分析、多维标度分析、傅里叶变换、离散余弦变换、小波变换等，变换的主要目的是消除冗余、简化数据，这一步骤也称为数据归约。

数据挖掘阶段的主要任务是从变换后的数据集中挖掘出事先不为人知的模式或知识。挖掘出新的模式和知识后，还需要对其进行评估，按照一定的标准，如挖掘到的知识的新奇性、有效程度和应用价值等，从中筛选出新奇的、有效的、有价值的模式和知识。此外还需要用适当的方式将这些知识表示或展现出来，因此知识表示和可视化技术也是数据挖掘的重要研究内容。

数据选择、数据变换（归约）、数据挖掘、模式评估等步骤都需要专业领域知识的参与，如对业务的理解、对数据的理解、对模式评估标准的理解等，因此需要有一个专业领域知识库来指导和支持数据挖掘的整个过程。

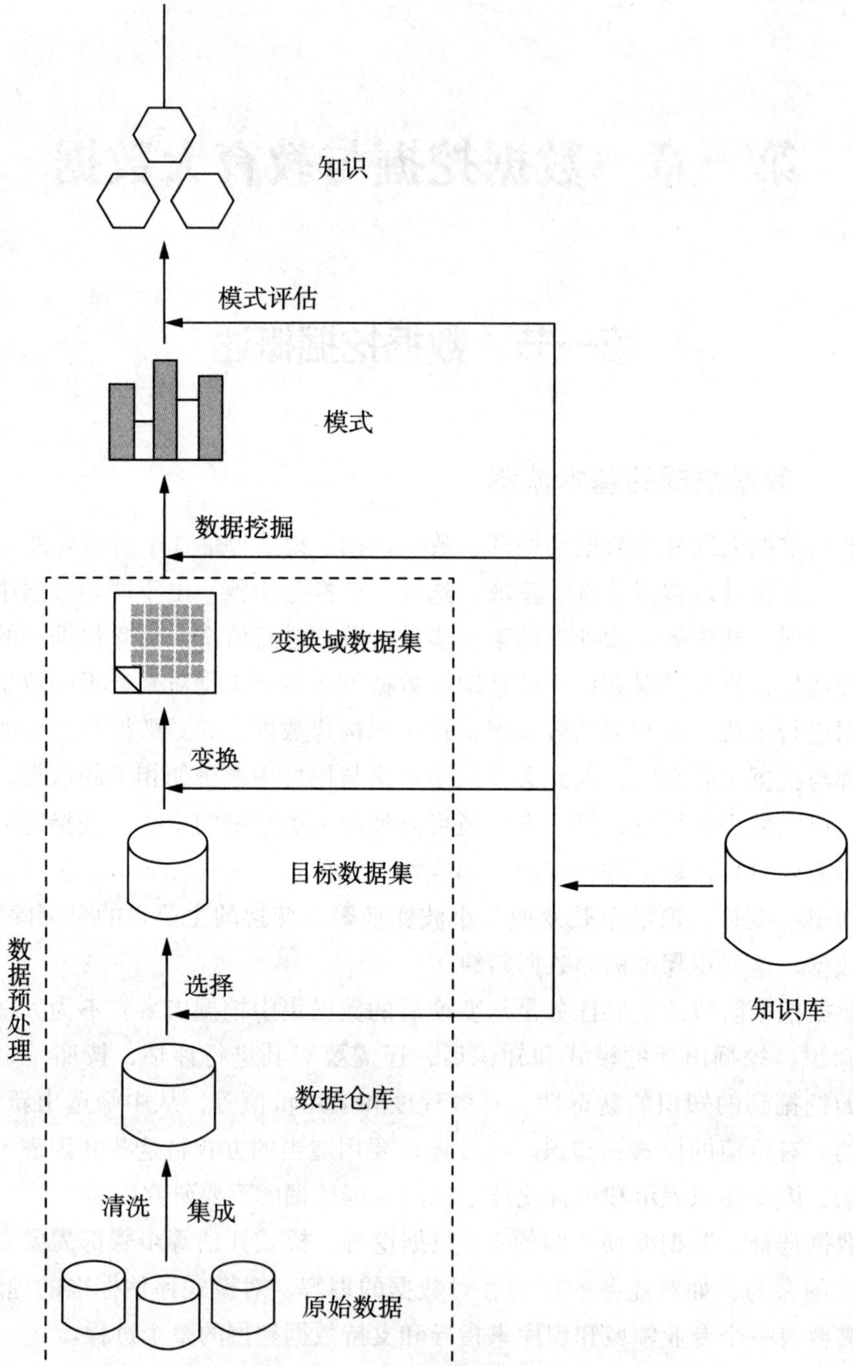

知识

模式评估

模式

数据挖掘

变换域数据集

变换

目标数据集

知识库

数据预处理

选择

数据仓库

清洗　集成

原始数据

图 1–1　数据挖掘流程图

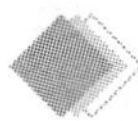

二、数据挖掘的任务和方法概述

数据挖掘所要挖掘出的模式和知识包括以下内容。

（1）对数据集的概要总结。通过对数据集中的数据进行统计分析得出数据集的总体特征，而后对数据集进行简明、准确的描述，或对两个数据集进行对比，给出两个数据集差异的概要性描述。例如，从某校教职工数据库中选择讲师数据进行挖掘分析，可得到讲师的概要性描述：65%（age<30）and（age>24）。这就表示该校的讲师中有 65% 的人的年龄介于 24 岁和 30 岁。又如，抽取该校教职工数据库中的讲师数据和副教授数据进行对比分析，可以得到如下概要性描述：

讲师：70%（papers<3）and（teaching course<2）

副教授：65%（papers>=3）and（teaching course>=2）

这就表示该校讲师中有 70% 的人发表的论文数量小于 3 篇且所授课程小于 2 门；该校副教授中有 65% 的人发表了至少 3 篇论文且讲授至少 2 门课程。

（2）数据的关联规则。关联规则是描述数据之间潜在联系的一种方式，通常用形如 A-B 的蕴含式来表示。例如，从某零售店的原始销售记录中挖掘出如下关联规则：

contains（X，“bread”）→ contains（X，“milk”）[support=10%，confidence =60%]

这就表示所有顾客中有 10% 的人同时购买了面包和牛奶两样商品，而在购买了面包的顾客中有 60% 的顾客同时购买了牛奶。其中，前一个百分比称为支持度，其大小反映了关联规则的普遍程度，支持度越大表示该关联规则覆盖的范围越大；后一个百分比称为置信度，是一个条件概率，其值越大则表示购买了面包的顾客同时购买牛奶的概率越大。

又如，某房地产销售公司从历史销售记录中挖掘出如下关联规则：

（年龄 >30）∧（年龄 <50）∧（年收入 >20 万元）→（是否成交 ='yes'）[support=20%，confidence=85%]

这就表示在该公司的客户中，年龄介于 30 岁与 50 岁、年收入大于 20 万元的客户占 20%，而在年龄介于 30 岁与 50 岁、年收入大于 20 万元的客户中有 85% 最终成交了。

（3）分类与预测。所谓分类，就是指按照一定的规则将样本数据划分成不同的类，其关键在于选择合适的分类规则，这些规则通常是从样本数据中学习获得的。所谓预测，就是指利用某个函数模型来估计样本的某些属性的值，所利用的函数模型可以是线性的也可以是非线性的，可以是参数模型也可以是非参数模型，这些模型和参数通常需要从训练数据中得到。分类和预测是紧密相关的，分类可以看作预测的特殊情形，即因变量只能取有限的离散值的情形。

例如，商业银行可以根据信用卡申请人的年龄、职业、收入水平、财产状况等对信用卡申请人进行分类，将信用卡申请人分为低、中、高风险三类，分类方法可以是决策树模型、支持向量机或神经网络模型等。

（4）聚类。所谓聚类，就是指依据数据内在的相似性将其划分为若干类，使同类数据之间的相似度尽可能大，并且不同类数据之间的相似度尽可能小。聚类与分类不同，其区别在于聚类事先并不知道样本数据有哪些类，具有探索性。聚类的关键在于选择合适的相似性度量。

例如，手机销售公司可依据消费者的年龄、性别、职业、收入水平、居住地等属性对消费者进行聚类分析，探索各类消费者的特点，以促进营销。

（5）异类。异类也称异常点，是指那些不符合大多数数据对象所构成的规律（模型）的数据对象，如分类模型中的反常实例、聚类模型中的离群点等。传统的数据挖掘算法为了提高模型的拟合优度常常将异类当作噪声除去，但是在某些应用中异类往往是重要的，如诈骗识别、异常行为检测、网络异常检测等，对于这些应用，异类检测尤其重要。研究者提出了许多异类检测算法，如基于数据对象的概率分布算法、机器学习算法等。

（6）时间序列模式。像股票价格这样的数据是随时间不断演化的，人们关心的是其演化规律，即数据在时间维度上的相关性，如趋势、周期性、自回归模式等，这就是时间序列模式，这些模式可以用各种各样的时间序列模型来描述。

在挖掘关联规则、分类、预测、聚类、异类和时间序列模式等知识时，人们需应用到各种机器学习算法，如贝叶斯网络、支持向量机、人工神经网络、深度学习等。所谓机器学习，就是指用计算机程序模拟人类的学习过程，是一个从训练数据中获取经验并不断改进系统自身性能的、有反馈的信息处理与控制过程。例如，神经网络就是一个典型的学习系统，它由多个神经元连接而成，每一个神经元实际上就是一个简单的非线性函数，其结构可以用图 1–2 表示。

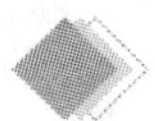

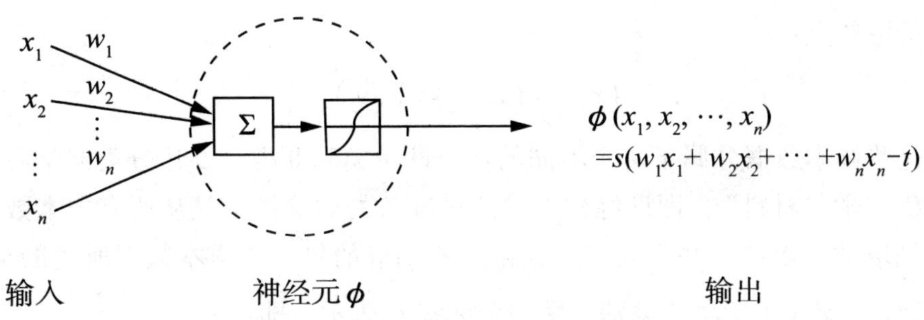

图 1–2　单个神经元结构示意图

图中，$w_1, w_2, \cdots, w_n$称为连接权值，$s(w_1x_1+w_2x_2+\cdots+w_nx_n-t)$称为激活函数，$t$是激活阈值。激活函数$s(x)$通常取如下 Logistic 函数：

$$s(x)=\frac{1}{1+e^{-kx}} \quad (x\in \mathbf{R}) \tag{1–1}$$

其图像是 S 形。通过适当地设置连接权值和激活阈值，单个神经元具有一定的分类和预测能力，但毕竟模型过于简单，无法实现复杂数据的分类和预测。如果将多个神经元按照适当的方式连接起来，就得到了一个人工神经网络（简称神经网络）。图 1–3 所示的三层神经网络就是一个典型的分类器。

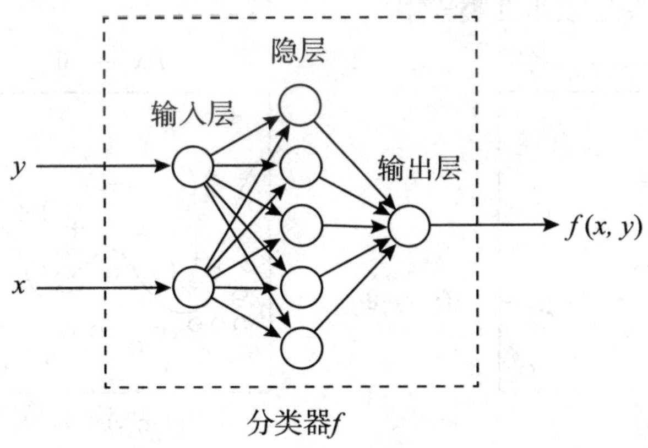

图 1–3　三层神经网络构成的分类器

这个分类器是由多个神经元线性组合和嵌套构成的复杂的非线性函数$f(x,y)$，当然它依赖连接权值和激活阈值的设定。用$\boldsymbol{w}$表示所有连接权值和激活阈值所构成的向量，则分类器的完整表达式为$f(x,y,\boldsymbol{w})$。如何训练这个分类器使它“学会”对样本数据进行分类呢？不妨假设待分类的样本数据是坐标平面上的一些点：

$$E=\{(x_1,y_1),(x_2,y_2),(x_3,y_3),\cdots\} \tag{1-2}$$

这些样本数据分属于两个不同的类，即Ⅰ类和Ⅱ类。要让分类器学习就必须提供“学习材料”，即训练样本，这里准备的训练样本是从所有样本数据中随机抽取的一部分，并用人工方式标注所抽取的每一个样本数据所属的类别。样本数据（x_i, y_i）所属的类别可用一个标签 μ_i 表示，即：

$$\mu_i=\begin{cases}1, & （如果\ x_i,y_i\ 属于第Ⅰ类）\\ -1, & （如果\ x_i,y_i\ 属于第Ⅱ类）\end{cases} \tag{1-3}$$

这些训练样本连同其标签就构成了训练数据集 D：

$$D=\{(x_1,y_1,\mu_1),(x_2,y_2,\mu_2),(x_3,y_3,\mu_3),\cdots,(x_n,y_n,\mu_n)\} \tag{1-4}$$

分类器学习的过程就是不断地调节向量 $\boldsymbol{w}$，从而得到平方误差函数：

$$E=\sum_{i=1}^{n}\left[f(x_i,y_i,\boldsymbol{w})-\mu_i\right]^2 \tag{1-5}$$

分类器经过学习后可以达到非常好的分类效果，如图 1-4 所示，其中“+”表示Ⅰ类样本，“○”表示Ⅱ类样本。

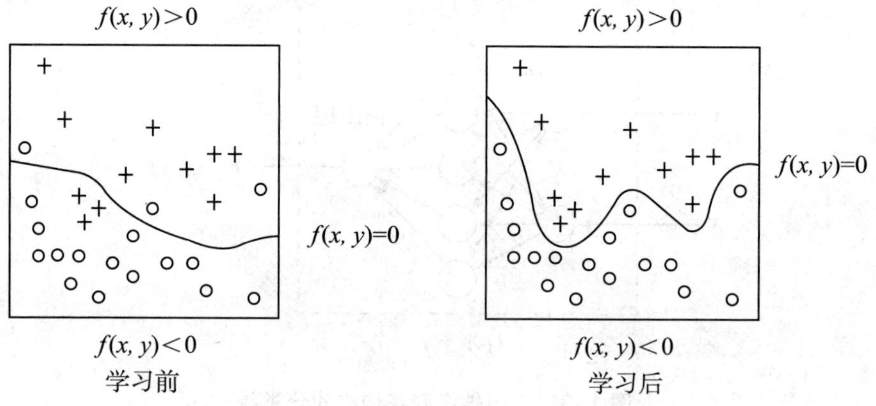

图 1-4 分类器学习的效果

机器学习算法可以分为监督学习和非监督学习两类。所谓监督学习，是指有教师指导的学习，训练数据必须是已经标注的样本数据，或者说训练目标由人指定，如回归、分类等；所谓非监督学习，是指无教师指导的学习，训练数

据是无标签数据，学习算法只能从数据本身提取模式和规律，如聚类、自编码学习等。

三、数据挖掘的应用

数据挖掘技术从一开始就是面向应用的，应用领域非常广泛，包括商务、银行、保险、医疗、电信、科研、教育、电子出版、娱乐、社交媒体、智能电网等。下面仅就商务领域、医疗和医学领域、银行和保险领域、社交媒体领域和教育领域举几个典型的应用实例。

（一）数据挖掘在商务领域的应用

数据挖掘在商务领域的应用包括库存及物流管理、数据库营销、客户群体划分、背景分析、交叉销售、客户流失性分析等。美国运通公司有一个用于记录信用卡业务的数据库，数据量达到 54 亿字符，并仍在随着业务进展不断更新。美国运通公司对这些数据进行挖掘，并在此基础上制订了“关联结算优惠”的促销策略，即如果一个顾客在一个商店用运通卡购买一套时装，那么其在同一个商店再买一双鞋时，就可以得到比较大的折扣。这种策略取得了极大的成功，实现了商店销售量和运通卡使用率的双双增长。

农夫山泉会定期采集饮用水的生产、运输、销售、财务等环节的场景数据，每月收到约 3 TiB 的数据，其中不乏图像、视频、音频等非结构化数据，通过对这些数据的挖掘，实时制订生产、运输、销售的精准管理策略，取得了巨大的成功，近年销售额连续以 30% ～ 40% 的速度增长。

亚马逊在业内率先使用了大数据、人工智能和云技术进行仓储物流的管理，创新性地推出预测性调拨、跨区域配送、跨国境配送等服务。京东的 JIMI 客服机器人通过大数据挖掘来判断用户需求，还具备一定的学习能力，在售前咨询和部分品类上的回答满意度方面都已经超过了人工客服；同时在采销系统上利用数据挖掘实现智能补货，效率提高近 50%。

2015 年 8 月，阿里巴巴与苏宁进行战略合作，实现线上与线下联合，利用大数据、物联网、移动应用、金融支付等手段打造了 O2O 的新模式，充分发挥了阿里巴巴强大的线上体系和苏宁线下门店的互补优势。

（二）数据挖掘在医疗和医学领域的应用

人体是一个复杂的系统，人的生老病死有着复杂的内在规律，尽管目前分子生物学和医学高度发展，但人类对这些复杂规律的了解仍然是冰山一角。总部位于美国的Tute Genomics公司通过基因测序服务收集了大量的受试者基因和健康信息，建立了一个大型基因数据库，该公司以云技术为依托，结合全世界的基因组学信息，解码患者的基因信息，为基于基因组学的精密医疗提供了相应数据与决策。

斯坦福大学医学院的罗伊德·米诺（Lloyd Minor）教授与其同事从不同资源中获取了大量数据，包括电子医疗记录、全基因组序列、保险和医药记录、可穿戴式传感器和社会环境数据，建立了一个名为“和你一样的病人”的数据库系统。通过数据挖掘，医生和研究人员可以更好地预测个人患特定疾病的概率，有针对性地制订早期检查和预防的方案。

大数据在医疗领域的另一个应用是利用电子病历数据库、互联网大数据、社交媒体数据以及卫生部门专有的各种病疫数据库等实时开展公共卫生监测，包括流行病监测、传染病监测、慢性非传染性疾病及相关危险因素监测、出生缺陷监测、食品安全风险监测等。

（三）数据挖掘在银行和保险领域的应用

风险管理是商业银行经营管理的重要内容，对互联网金融企业尤其如此。阿里巴巴旗下的浙江网商银行通过对海量客户数据的挖掘实现对贷款申请人的信用评估；芝麻信用通过分析海量的网络交易数据对用户进行信用评估和风险控制。

在保险行业，大数据挖掘分析将成为风险评估与定价的重要手段。例如，美国前进保险公司利用车联网设备，收集驾驶时间、地点、速度、急刹车等驾驶数据，来判断驾驶行为中存在的风险，设计“从用”的个性化UBI车险产品；英国保险公司英杰华集团运用网络数据挖掘识别出申请者的潜在健康隐患及风险，为保费设定提供支持。

（四）数据挖掘在社交媒体领域的应用

Facebook每天产生100亿条消息、45亿次“喜欢”按钮点击和3.5亿张新图片，通过对这些数据的挖掘分析可获得用户的位置、朋友、喜好等信息。Facebook一方面利用这些信息影响用户行为，如提供标注建议等，另一方面

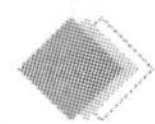

还向合作伙伴推出话题数据。这些话题数据可以向市场营销人员展示大众对品牌、事件、活动和主题的反应，市场营销人员可以据此有选择地调整他们在该平台及其他渠道中的营销方式。

腾讯每天接入5千亿条数据，覆盖移动设备数达7.7亿台，通过对这些数据的挖掘分析可实现对用户的行为特点、偏好、消费能力等的精准定位，并以此为基础实现精准广告投放、精准移动推送、手机游戏精细化运营等业务。

YouTube是Google旗下的一个视频交流网站，在全球有超过10亿注册用户，每天收到用户上传的视频接近1 000万个。用户要从如此庞大的视频数据库中找到自己感兴趣的视频犹如大海捞针，为了提升用户体验，Google利用深度神经网络挖掘视频语义特征，改进搜索推荐算法，构建了目前世界上最强大的推荐系统。

（五）数据挖掘在教育领域的应用

随着信息技术的发展，在教育方面的数据挖掘应用能有效提高教学过程中的教学质量。人类的教育经历了三个大的阶段，大概可以称之为“个性化的精英教育”“集体性的大众化教育”“个性化的大众化教育”。

在过去的10年中，教育方式最重要的变革之一是引入基于Web的学习系统。这是一种借助计算机，搭建一个硬件环境的平台。该学习模式已经引起了高度的重视，在过去几年中成千上万的基于Web的课件被开发出来。但是，目前基于Web的学习系统仅仅将资料放置于平台上，而忽略了不同学生的差异性。为了使学习系统能够适应学生的多样性，需要构建具有自适应、智能的系统。通过对学习者目的、爱好和已有的知识进行建模，使学习系统能够提供个性化的学习服务。数据挖掘或者知识发现能够在大量的、杂乱无章的数据中发掘出隐含的、有用的、令人感兴趣的知识。通过对学习过程中产生的数据进行挖掘，不仅能够发掘出与学习过程和学生行为相关的有用知识，还能够对学习系统进行评价，从而对学习系统进行改进。

大数据在教育数据方面的应用表现在以下几个方面。

（1）私人定制的个性化学习成为可能。大数据通过记录、分析学生学习的过程数据，发现学习的特点和障碍，提供个性化的解决方案。

（2）“智慧教师”和人类教师的协同工作。人工智能可以成为教师的智能化助手，让他们从低附加值的简单重复劳动中解放出来。

（3）适时测评学习者的学习行为和心理。通过一些智能化的穿戴设备对学生的数据进行采集，经过比对，可发现学生在体质健康、运动知识、运动技能等方面的情况，形成监测报告，提供个性化的教育建议。

以上数据挖掘只是教育应用挖掘的一小部分，我们还可以从更多的方面来进行分析和挖掘。大数据将催生出更多的岗位和职业，同时会改变原有工种、岗位的工作性质和特点。北京理工大学大数据搜索与挖掘实验室张华平主任表示：大数据是将来发展的生产力，对经济发展起着重要作用。

第二节　教育大数据概述

当前，大数据时代已经到来，并在教育领域得到了广泛的应用。我国教育与大数据的结合已是时代发展的必然要求。下面主要研究大数据与教育之间的联系。

一、大数据的定义与特征

1980 年，著名未来学家阿尔文·托夫勒（Alvin Toffler）出版的《第三次浪潮》一书中，将“大数据”赞颂为“第三次浪潮的华彩乐章”。1997 年，美国国家航空航天局（National Aeronautics and Space Administration，NASA）的研究人员迈克尔·考克斯（Michael Cox）、大卫·埃尔斯沃思（David Ellsworth）使用了“大数据”一词来描述超级计算机在实验中生成的“巨大的对主机内存、磁盘等带来挑战”的信息数据量。1998 年，刊发于国际著名学术期刊《科学》（*Science*）的《大数据的处理程序》（*A Handler for Big Data*）一文中使用了“大数据”一词。2008 年 9 月，《自然》（*Nature*）设立 Big Data 专刊。2011 年 2 月，*Science* 设立 Dealing with Data 专刊。之后，随着互联网的快速发展，数据呈现爆炸式增长，国际数据公司（International Data Corporation，IDC）的统计数字表明，2008 年全球产生的数据量为 0.49 ZiB，2009 年的数据量为 0. 8 ZiB，2010 年增至 1. 2 ZiB，2011 年的数据量更是高达 1.82 ZiB，相当于全球每人产生了 200 GiB 以上的数据，“大数据”开始引起人们的注意。

2011 年 5 月，美国麦肯锡公司发布研究报告《大数据：下一个创新、竞争和生产力的前沿》（*Big Data：The Next Frontier for Innovation，Competition，*

and Productivity），在该报告中称：数据已经渗透到当今每一个行业和业务职能领域，成为重要的生产因素；人们对海量数据的挖掘和运用，预示着新一波生产率增长和消费者盈余浪潮的到来。这一观点更是将“大数据”视为创新、竞争与生产力的风向标。自此，大数据的快速发展引起了国际范围的空前关注。IDC 时间数字表明，互联网上的数据每年将增长 50%，每两年便翻一番，而目前世界上 90% 以上的数据是最近几年才产生的。2012 年，联合国发布了《大数据促发展：挑战与机遇》(*Big Data for Development*：*Challenges & Opportunities*）白皮书，其中指出：大数据时代已经到来，大数据的出现将会对社会各个领域产生深刻影响。2013 年，牛津大学互联网研究所教授维克托·迈尔·舍恩伯格（Viktor Mayer Schonberger）与 *The Economist* 数据编辑、著名的大数据发展评论员肯尼思·库克耶（Kenneth Cukier）合著的一本《大数据时代：生活、工作与思维的大变革》(*Big Data*：*A Revolution That Will Transform How We Live*，*Work and Think*）被认为是大数据的先河之作，真正把大数据推向了公众视野。正如 Schonberger 等在书中写的那样，“2013 年是大数据时代的元年，标志着信息技术进入了新的发展时代”“大数据开启了一个新纪元，就如显微镜能让我们看清微生物，望远镜能让我们感受到宇宙一样，大数据影响的不仅是我们生活的方方面面，还改变了我们理解世界的方式”。

当下，大数据正在成为一股热潮，世界各国都在加快大数据战略布局，以抢占新一轮科技革命的制高点。大数据在商业、通信、物流、健康医疗、公共交通、能源等众多领域得到了大范围的应用，并取得了巨大的成功。在电子商务领域，大数据技术可以用于定向投放广告和智能推荐；在金融领域，企业可以应用大数据技术来做基于客户行为分析的大数据营销和供应链管理；在医疗领域，医生可以对患者诊疗和治疗过程中产生的数据进行分析，为患者提供个性化的健康医疗服务；在交通领域，可以基于城市实时交通信息优化交通情况；在电力、石油、燃气等能源领域，可以通过大数据的综合采集、处理和分析，促进能源生产、消费及相关技术革命与大数据理念的深度融合，从而加速推进能源行业发展及商业模式创新。

（一）大数据的定义

大数据成了一个时髦术语，许多国家的高校、科研院所等相继成立了大数据研究机构，从不同视角对大数据开展研究工作。关于大数据的定义，一些学者、研究机构给出了各自的表述。

有的学者认为，大数据是数据概念的延伸和扩展，是数量巨大的数据、海量数据，它与传统数据的区别主要在于规模。刘建明认为，大数据是信息爆炸的同义语，是巨量资料、浩瀚信息的另一种称呼。大数据的庞大甚至超出了我们的想象。有的定义则强调大数据不仅意味着数据量大或数据种类多，还包括那些使用传统的软件工具难以捕捉、管理与分析的数据。比如，美国麦肯锡公司的研究报告中是这样表述大数据的：大数据是指其大小超出了典型数据库软件的采集储存、管理和分析等能力的数据集。EMC公司则这样描述大数据：大数据并不是一个准确的术语，相反，它是对各种数据（其中大多数是非结构化的）永不休止地积聚的一种表征，它用以描述那些呈指数级增长，并且因太大、太原始或非结构化程度太高而无法使用关系数据库方法进行分析的数据集。杰森·布隆伯格（Jason Bloomberg）认为，大数据是海量的结构化数据与非结构化数据，是那些用传统数据库与软件技术难以处理的数据。类似的还有维基百科对大数据的定义：无法在一定时间内用通常的软件工具对其内容进行抓取、管理和处理的数据集合。李国杰等指出：一般来说，大数据指的是数据集，使用传统信息技术、硬件与软件工具在合理的时间内难以获得的数据感知、数据获取、数据管理、数据处理、数据服务等。

“数据就像一个神奇的钻石矿，当它的首要价值被发掘后，仍能不断给予。它的真实价值就像漂浮在海洋中的冰山，第一眼只能看到冰山一角，而绝大部分都隐藏在表面之下。”在现有的定义里，不仅指出了大数据的海量数据规模，还强调了大数据所存在的巨大价值。如Schonberger Cukier认为，大数据是“当今社会所独有的一种新型的能力：以一种前所未有的方式，通过对海量数据进行分析，获得有巨大价值的产品和服务，或深刻的洞见”，通过对海量数据的交换整合、分析，可以发现新知识、创造新价值。IDC认为，大数据是从海量数据中抽取有价值数据的新一代技术与架构，使高速的采集、发现和分析成为可能。

大数据的内涵并不止于此，还包括快速的数据生成与处理、动态的数据体系等含义。例如，全球知名信息技术调研机构Gartner关于大数据的定义是这样描述的：大数据是大容量、高速率、多变化的信息集，需要考虑成本效益、信息处理的创新形式，以促进理解与决策。曼布雷（Membrey）等则在Gartner定义的基础上进行了修订，并指出：大数据技术指的是处理大容量、高速率、多变化的数据集以提取意向数据的价值，保证原始数据和获取信息的高度真实

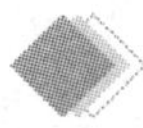

性；需要考虑成本效益、信息处理的创新形式，以促进理解、决策与过程控制；需要新的数据模型（在全数据周期支持所有的数据状态和过程）、新的基础设施服务以及从多样化的数据源（包括感知网络）中获取（与处理）数据的工具，还有以多样化的形式为不同的数据信息消费者与设备来传递数据。工业和信息化部电信研究院在其公布的《关于工业大数据发展的指导意见》中对大数据定义如下：大数据是具有体量大、结构多样、时效强等特征的数据；处理大数据需采用新型计算架构和智能算法等新技术；大数据的应用强调以新的理念应用于辅助决策、发现新的知识，更强调在线闭环的业务流程优化。

总之，随着大数据理念的传播及其应用的逐步深入，大数据在内涵和外延上已超越传统意义上的"数据"概念。大数据不仅是一种技术，还是一种能力，即从海量复杂的数据中寻找有意义关联、挖掘事物变化规律、准确预测事物发展趋势的能力。大数据是一套方法论，通过间接的数据，推测事物难以客观表达的特征，揭示事物间内在的、本质的必然联系。大数据更是一种思维方式，即让数据开口说话，让数据成为人类思考问题、做出行为决策的基本出发点，让人们通过科学计算而不是凭借主观臆断来探寻事物本质。大数据正在演变为一种社会文化方式，即人人生产数据、人人共享数据、人人热爱数据、人人管理数据的方式。这种文化正在影响各个行业。

（二）大数据的特征

人们在讨论大数据时，较多地是使用若干个基本特征去认识它。虽然大数据的定义表述各异，但关于大数据特征的概括，直接或间接地表现出了一些共性。例如，国际商用机器公司用 3V 来描述大数据的特征，即规模（volume）、速度（velocity）、类型（variety）。Schonberger 把大数据总结为 4V，除了上述 3V 之外，再加上一个数据价值密度（value）。阿姆斯特丹大学德姆琴科（Demchenko）在 4V 的基础上增加了精确性（veracity），他还在与 Membrey 等合作的报告中指出，除了 volume、variety、velocity、value、veracity 这 5 个特征之外，还有一个特征，即数据的动态化与联结。他们还指出，新的数据模式、新的分析方法、新的基础架构与工具、来源与目标等都是需要考虑的问题。基恩（Keane）等则从 6 个方面总结了大数据的特征，分别如下：数据 / 处理容量与规模；数据 / 来源的多样性和异质性；信息需求的速度和时间线；目标服务、产出、解决和应用；数据呈现、可用性与解读；数据隐私、错误处理与安全性。

一般而言，大数据的核心特征常被概括为4V，即数据规模（volume，一般认为在T级或P级以上）、数据处理速度（velocity）、数据类型（variety）和精确性（veracity）。

二、教育大数据的定义与特征

大数据正在实现人类工作、生活与思维的大变革，其“威力”也给教育带来了强烈的冲击，正在成为推动教育系统创新与变革的颠覆性力量。《2013 NMC地平线报告（高教版）》非常有预见性地认为“大数据和学习分析”将在未来2～3年成为主流技术。在大数据理念与技术的冲击下，教育领域正在发生着一场“静悄悄的革命”。Schonberger曾指出：大数据和教育的结合，将超越过去那些“力量甚微的创新”，真正颠覆传统的教育模式，引领教学、科研、服务、管理、评价等全方位的转型和变革。

（一）教育大数据的定义

随着时代的发展与技术的进步，越来越多的数据正在产生，而且产生的速度越来越快。从理论上讲，任何领域有了人的活动，都可以持续不断地产生大数据，教育领域也不例外。教育领域也在不断生成海量的数据，这就是我们所说的教育大数据。教育大数据的重要性和所蕴含的巨大价值正在被更多的人所关注。2012年10月，美国教育部发布的《通过教育数据挖掘和学习分析促进教与学》指出，“通过对教育大数据的挖掘与分析，促进美国高等院校及K12学校教学系统的变革”。2013年10月，哥伦比亚大学莱恩·贝克（Ryan Baker）在Coursera平台上开设“教育大数据”课程，向学习者介绍常用的数据挖掘方法，以及如何将这些方法应用到教育数据挖掘和学习分析中。

2015年被认为是中国教育大数据元年，政府、企业、学校、研究者、管理者、教师、社会公众等都开始关注教育大数据，相关政策文件、研究机构、市场产品等开始出现。2015年，国务院发布《促进大数据发展行动纲要》，指出“数据已成为国家基础性战略资源”，要“探索发挥大数据对变革教育方式、促进教育公平、提升教育质量的支撑作用”，并在启动的十大工程之一“公共服务大数据工程”中明确提出“建设教育文化大数据”，将教育大数据上升到国家战略层面。2016年，教育部发布《教育信息化“十三五”规划》，强调“发挥大数据在教育管理与学习空间中的重要作用”。2016年4月，中国首份教育大数据发展报告——《中国基础教育大数据发展蓝皮书》正式发布，蓝皮书中对教育大数据的基础理论、发展理念和应用范式进行了梳理。2018 年，教育部印发《教育信息化 2.0 行动计划》，指出“完善教育管理信息化顶层设计，全面提高利用大数据支撑保障教育管理、决策和公共服务的能力……深化教育大数据应用”。教育大数据的浪潮正在席卷而来，为解决教育难题、促进教育领域的综合改革与发展提供了重要机遇，成为一股推进教育创新发展的科学力量。

由于教育及大数据的复杂性，教育大数据尚且没有一个统一的定义。学者从不同角度出发，对其进行了阐释。方海光认为关于教育大数据有两种定义。第一种教育大数据的定义是大数据应用在教育行业中，可以翻译为“Big Data in Education，BDE”，这种定义特指教育领域应用的大数据技术和方法，它强调了大数据及大数据技术在教育行业中的应用，是一种技术引导教育变革的基本想法。第二种教育大数据的定义是教育行业中的大数据，可以翻译为“Educational Big Data，EBD”，这种定义特指教育领域的大数据，即教育和学习过程中所伴随的各类数据的总称，它强调了教育行业本身特有的大数据带来的新方法，是一种通过教育应用技术解决问题的基本想法。这两类定义都是将教育大数据看作大数据的一个重要子集，是大数据技术在教育领域的延伸，认为教育大数据指的就是教育领域中的大数据，特指在教育领域的数据集合，即在整个教育活动过程中所产生的以及根据教育需要采集到的、一切用于教育发展并可创造巨大潜在价值的数据集合。

有学者从教育的范畴出发，认为教育大数据有广义、狭义之分。因为教育是一种培养人的社会活动，是传承社会文化、传递生产经验和生活经验的基本途径。从广义上看，凡是增进人们知识和技能、影响人们思想观念的活动都具有教育作用。广义的教育是“大教育”的概念，具有全员（从全日制学生到全民，面向所有人）、全程（从学前教育到终身教育，服务各个教育阶段）、全方位（家庭、学校、社会“三位一体”教育，无处不在的教育，虚实融合的教育）的特点。从狭义上看，教育是以影响人的身心发展为直接目标的社会活动，主要指学校教育，是教育者根据一定的社会要求，有目的、有计划、有组织地通过学校教育工作，对受教育者的身心施加影响，促使他们朝着期望的方向变化的活动。从广义上看，教育大数据范畴极为广泛。杜婧敏等在《教育大数据研究综述》一文中将教育大数据定义为面向教育全过程时空的多种类型的全样本的数据集合。这一含义指出了广义的教育大数据来自教育的全过程、全样本的数据集合。孙洪涛等认为教育大数据指的是服务教育主体和教育过程，具有强周期性和巨大教育价值的高复杂性的数据集合。徐鹏等在《大数据视角分析学习变革》一文中提出，“广义的教育大数据泛指来源于日常教育活动中人类的行为数据”。在杨现民主编的《互联网+教育：中国基础教育大数据》中，也将教育大数据视作广义范畴，“既包括校园环境下的教学活动、管理活动、科研活动以及校园生活，也包括家庭、社区、博物馆、图书馆等非正式环境下的学习活动；既包括线上的教育教学活动，也包括线下的教育教学活动”。从狭义上看，教育大数据指的是在学校教育中产生的大数据。

还有的学者强调教育大数据是在信息技术环境下的教育领域所产生的数据集。例如，章怡等将教育大数据定义为在信息技术支持下教与学的各个环节所产生的各种类型的结构化、半结构化和非结构化的具有大数据特征的数据集，它是信息技术环境下教与学的行为轨迹产物。

还有一种观点倾向于将教育大数据看作学习者在信息技术环境下的学习过程中所产生的数据。例如，徐鹏等认为狭义教育大数据指的是“学习者的行为数据，主要来源于学生管理系统、在线学习平台和课程管理平台等”。张洪孟等认为，教育大数据是学习者以学习为目的，在互联网学习环境中借助一定媒介，与外界交互过程中所产生的数据，主要包含学习行为数据、学习内容数据、虚拟社会网络关系数据以及学习管理数据。美国 Knewton 教育公司将教育大数据分为两类：一类是有关学生基本信息的数据，如身份识别数据；另一类是基于学生学习活动用以提升学习效果的数据，包括学习交互数据、推断的内容数据、系统范围数据、推断的学生数据等。

也有一些学者是从技术层面来理解教育大数据的。刘培等指出教育大数据是大数据技术在教育领域的延伸，是一项革命性的教育技术。黄欣荣认为教育大数据能够迅速发展，是因为有一系列前沿技术的支撑，其中“最为核心的应该是数字计算机、智能感知、互联网以及云计算”，它们解决了传统教育技术无法解决的数据获取、存储、传输、计算等问题。杜婧敏等认为教育大数据是一种分布式计算架构方式，通过数据共享的各种支持技术达到共建共享的目的。这些数据既有静态的结果性数据，也有动态的过程性数据；它们形成有价值的数据库，研究者通过对数据库中的数据进行限制条件的搜索、查找、分析，就可以发现规律，进行有价值的针对性指导，或者进行相关判断和预测。孙洪涛等强调，要准确地理解教育大数据仅仅从“数据”的角度还不够，还需要从“数据和技术两个层面进行解析”。

还有学者从生态学角度来理解教育大数据，认为教育大数据不仅仅是建设教育大数据中心，也不仅仅是分析全过程学习数据，而更多的是一种共享的生态思想。

总之，教育领域虽然长期“保守”，但在大数据浪潮的冲击下，也在加速走向开放。基于教育大数据的思想，可以产生一种不同于商业互联网的模式、能够平衡教育和技术使用的模式，特别是未来可以考虑的数据分享、共建共享的模式。教育大数据的最终价值在于实现教育管理与决策的科学化、教学模式改革及个性化学习。

（二）教育大数据的特征

随着教育数据获取技术的更新和获取手段的增多，教育数据的数据量越来越大，呈现海量性特征；教育数据的获取手段多样化，使教育数据的类型多样化，呈现出多类性特征。同时，教育数据是一类典型的数据，也呈现出了与其他领域数据不同的特征。归结起来，教育大数据的特征在于以下几点。

1. 海量性

教育大数据的数量巨大到何种程度呢？以一节 40 min 的普通中学课为例，其中一个学生所产生的全息数据有 5 ～ 6 GiB，而其中可归类、标签并进行分析的量化数据有 50 ～ 60 MiB，且大多是非结构化数据。单从基础教育来看，根据《中国基础教育大数据发展蓝皮书（2015）》对正规学校教育数据的估算值，班级层面的大数据达 96 GiB，校园层面的大数据达 25422 GiB ≈ 24.8 TiB。从区域层面来看，大数据为 4397116 GiB ≈ 4.2 PiB，全国大数据则为 12544971948 GiB ≈ 12 EiB，再加上非正规教育活动的数据，如校外辅导班的学习数据、网络自主学习数据等，说是数量巨大一点也不夸张。网络上对 PiB 级数据体量给予了形象说明：假设手机播放 MP3 的编码速度平均为 1 MiB/min，而 1 首歌曲的平均时长为 4 min，那么 1PiB 歌曲可以连续播放 2000 年；如果智能手机、相机所拍照片的平均大小为 3 MiB，打印照片的平均大小为 8.5 in（21.59 cm），那么 1 PiB 照片的并排排列长度能达到 48000 mi（77248.5 km）——大约可以环绕地球两圈。所以，从规模上看，教育大数据的体量虽然尚未达到零售业、电信业等领域的规模，但是已经超出了传统数据工具的处理能力。

2. 多类性

与大数据的构成基本相同，构成教育大数据的要素主要是一些基础的元数据，如教师的教学行为数据、教师的课堂管理数据、学生的学习行为数据、学生的教学评价数据以及学生的考试数据等。教育大数据直接产生于各种教育活动（包括教学活动、管理活动、科研活动、校园活动等），指向教育发展，能在提升教育质量、促进教育公平、实现个性化学习、优化教育资源配置、辅助教育科学决策等方面发挥有效作用。教育不仅包括学校中的教育，还包括家庭教育、社会教育以及各种非正式教育。其针对的对象不仅包括学生，也包括教师等全体教育行业的人员。教育的阶段囊括了学前教育到终身教育的整体。此外，教育大数据中的非结构化数据，特别是音视频数据占有很大比重，这些数据来自课堂录像、教学资源等，因此其类型多样，并有一定的复杂性。

3. 实时性

传统的教育数据采集方式一般是人工采集，数据被周期性、阶段性采集，实时性较低。教育大数据具有高度个性化的特点，它能够关注每一个学生的行为表现，如学习的过程轨迹、情绪表现、问题反馈等，这些个性化的数据一经产生就能够被精准地记录下来，通过传感设备进行实时的、不间断的采集，因此教育大数据具有很强的实时性。

4. 流转速度慢

从流转速度的角度看，教育大数据流转速度相对较慢。教育教学活动的周期性决定了教育大数据具有典型的周期性，而且持续时间较长。与电商等领域中步骤清晰、结果明确、周期较短的交易活动不同，教育教学活动具有更高的过程复杂性，因此并不像交易数据、搜索数据或通信数据那样具有快速流转的特点。

5. 蕴含价值大

由于碎片化的数据信息无法为受教育者提供良好的发展机会，或者在某些场景下（如管理决策等）因为缺乏可靠的数据分析而只能借助经验进行判断，大数据的出现解决了传统教育技术无法解决的问题，对海量异构、多维的教育数据进行清洗、整合、挖掘和应用，并从中提取出潜在的、极具潜在应用价值的信息，为教学、科研、后勤、管理、安保等各项工作提供科学的数据支撑。教育大数据是一种无形的资产，是一座可无限开采的“金矿”，充分挖掘与应

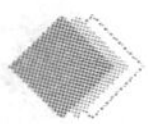

用是实现数据“资产”增值的唯一途径。在《互联网+教育：中国基础教育大数据》中，教育大数据被看作发展智慧教育的基石，是一种教育战略资产，也是教育领域综合改革的科学力量。

所以，教育大数据之“大”并非只指数量之大，而是更加强调“价值”之大，即能从繁杂的教育数据中发现相关关系、诊断现存问题、预测发展趋势，发挥教育大数据在提升教育质量、促进教育公平、实现个性化学习、优化教育资源配置、辅助教育科学决策等方面的极大潜能。

6. 价值密度低

为形成用户价值，需对海量的数据进行挖掘分析，这使大数据价值存在密度低的特性。教育大数据的价值密度相比其他行业的大数据价值密度已经是比较高的了，但还是依赖数据挖掘才能实现数据的价值。一般来说，影响教育信息系统数据质量的因素主要包括数据系统缺乏兼容性、数据本身的可用性不强、数据提供者对同一数据项理解不一致、数据更新不及时等。与电商等领域中步骤清晰、结果明确、周期较短的交易活动不同，教育教学活动具有更高的过程复杂性。教育大数据的规模大且结构复杂，因此通过教育大数据分析发现规律更为困难。

与电子商务、交通、医疗、金融保险等领域的大数据相比，教育大数据还具有以下特征：①教育大数据的采集呈现高度的复杂性；②教育大数据的应用需要高度的创造性；③教育大数据不仅注重相关关系，更强调因果关系。

第三节　教育大数据的应用

一、教育大数据在教育管理与决策中的应用价值

第一，对教育管理与决策主体的影响。新时代，教育管理与决策主体的素质和能力有待进一步提升，并且在教育管理与决策方面存在偏差，缺乏教育大数据的意识和理念，会出现盲目决策、随意决策的问题。忽略对客观情况的有效调查和研究不利于更好地提升教育管理与决策工作的实效性。主观臆断的决策方式也很容易使教育管理与决策工作出现失误，不利于提升教育管理与决策的科学性。在教育大数据背景下，教育决策主体不再依赖主观感受和经验进行

管理与决策工作，而是采用以大数据为依托的新的理念、技术、手段，加快决策民主化和科学化发展，最大限度强化管理与决策的工作效果。在结合教育大数据技术对数据进行理性判断的过程中，也能帮助学校有效了解教育管理与决策中存在的问题。对大样本的分析，能为学校教育管理与决策工作提供基础资料，进而促进教育管理与决策工作的全面发展。另外，在学校教育管理与决策工作中，也可以让教育决策主体结合教学数据与系统所产生的各类数据，合理做好教育管理与决策等工作，加快教学模式改革的步伐。通过重新构建驱动教育评价体系的方式，提升教育管理与决策的科学范式转型质量，强化教育服务和管理工作的人性化。

第二，对教育决策环境的影响。新时代，教育决策环境逐渐复杂化，这对决策主体正确评估教学管理等工作产生了不利影响。为防止出现大量的教育干扰信息和无价值的教育内容，还需要利用大数据技术，全面把握碎片化的信息，提升教育决策的有效性，以更好地适应内、外部环境的变化，提升教育决策的科学性。在教育大数据背景下，教育管理者的决策工作需要结合数据基础，完善教育管理与决策方面的工作体系。此外，教育大数据不仅具有海量数据、多样化数据类型的优势，还能够调查数据、搜索网络杂志、音频和视频等。因此，要全面做好教育大数据的应用和管理等工作，从而强化教师和相关工作者对教育大数据的正确认知，发挥大数据对教育管理工作的作用。

二、教育大数据在教育管理与决策中的应用策略分析

（一）提升管理力度

首先，在教育大数据应用中，学校必须构建专门的信息化建设职能机构体系，明确管理决策工作人员在信息化建设中的职责。通过推动教育信息化管理等方式，落实行政职能部门的具体管理责任和信息化建设义务，进而将教育大数据全面应用到教学改革和创新工作中；另外，必须构建完善的网络安全问责机制，通过教育大数据对当前存在的教育管理与决策问题进行分析，并通过促进信息化建设健康发展的方式，提升教育管理与决策的信息化管理水平。其次，制订针对教育大数据运用的管理方法。新时代，国家提出关于教育管理与决策工作运用大数据技术的新要求，各个地区和学校可以结合自身的实际情况，加大大数据的应用和管理力度，制订可行、创新的大数据应用方式，在规范大数据教育管理行为的基础上，加快教育管理机制的转型与变革。最后，在

教育管理与决策中，营造良好的大数据应用环境，采用将教育大数据理念渗透到教育管理与决策各方面的方式，提升相关人员对大数据应用的重视。运用构建教育管理与决策平台的方式，对教育管理与决策的相关数据进行挖掘、分析、识别等，坚持以大数据为引领，做好和落实有关学校教育管理与决策的工作，保证相关工作有序发展。

（二）创新管理技术

其一，由于数据收集和储存形式较多，相关数据呈现出规模大、来源广的特点。教育管理与决策者要创新传统教育管理与决策方式，就要通过大数据整合、挖掘、分析等技术优势，对海量的数据信息和资源进行收集，以解决传统教育决策与管理工作中浪费大量人力、物力的现象；全面提升数据管理工作的时效性，提升数据使用效率，推动教育管理与决策工作的顺利开展。在创新教育管理与决策技术中，还需要加强数据资源的整合，通过教育大数据完善数据采集、网络传输、储存和分析等系统，对数据进行合理分类，进而达到资源共建共享的工作目标，提高数据管理水平和利用效率，让其更好地满足教育决策与管理工作的需求。其二，学校需要大力发展教育大数据技术。当前高校在应用教育大数据技术的过程中，呈现出数据收集、储存技术不完善的问题，学校要加大对大数据技术和相关设施设备的完善力度，通过资金投入和技术投入的方式，突破传统教育管理与决策工作的局限性，坚持以发展大数据技术为出发点，构建高效的数据储存技术、分析技术。其三，坚持数据挖掘理念，对教育决策与管理工作过程中的隐藏数据和内部数据进行有效挖掘。了解其中的关联规则和分类规则，通过资源优化配置，提升教学工作效率，达到改善教育管理与决策工作方法的目标。

（三）保障应用安全

在大数据时代背景下，保障大数据系统的安全是促进教育管理与决策工作有序发展的前提。在教育大数据应用中，如果个人的隐私和数据安全得不到保障，那么不仅不利于提升各项管理工作的水平，也会让教育管理与决策工作的变革受到阻碍，影响工作效率。在“互联网 +”背景下，我国政府高度重视网络空间隐私和安全保护，通过颁布一系列相关法律法规的方式，提升人们对网络安全和保障工作的认知水平。在保障教育大数据应用安全方面，一方面需要学校结合国家的相关法律法规，优化针对教育大数据使用的标准，积极对学校以往在大数据生产、流通、使用等方面的空白进行法律监督，规范教育大数据在教育管理与决策工作中的应用。在出现侵犯他人隐私的不良行为时，需要学校坚持严厉惩处的原则，对其进行法律惩治和管理。同时需要健全统一的相关数据标准。当前很多学校在教育大数据应用期间出现数据标准不一致、数据安全隐患加剧的现象。为有效解决这一问题，要结合国家对教育大数据应用的标准，构建满足学校发展的统一的数据标准，加强教育大数据安全保护。另一方面，在大数据时代背景下，教育管理与决策相关工作人员可以根据管理与决策工作的实际情况，完善对大数据隐私保护的规范体系。在数据储存量不断增加的过程中，也需要提升数据应用与安全管理方面的风险防范能力。

（四）加强人才培养

大数据技术的不断发展，使其对创新型人才培养工作提出了新要求。为进一步推进“互联网+”行动计划和相关人才培养战略，需要在教育管理与决策中加大对数据人才的培养力度，这是当前学校在教育教学改革和发展过程中的当务之急和未来方向。在教育大数据背景下，教育管理与决策的相关主体可以对学校创新型人才进行培养，强调创新型人才不仅要具有完善的理论知识和实践能力，还要具有大数据技术分析、数据挖掘、识别风险等能力。加强学校教育资源的合理配置，并通过开设与大数据有关的课程，充分调动相关教育管理与决策人员参与大数据技术学习的积极性，实现对大数据人才的有效培养。在教育管理与决策中，学校可以采用校企合作的方式，共同创建针对教育大数据人才培养的工作平台，全面提升人才培养水平，使其在未来有序地参与教育大数据的应用，为教育决策与管理工作提供保障。

第二章　数据挖掘关键技术分析

第一节　数据的描述与可视化

可视化技术提出源于科学计算可视化（visualization in scientific computing，ViSC），正式出现于 1987 年 2 月美国国家科学基金会召开的研讨会，从 1990 年起，电气与电子工程师协会（IEEE）开始举办一年一度的可视化国际学术会议。

一、数据挖掘可视化的过程

图 2–1 是卡德（Card）等提出的信息可视化参考模型的图示。数据挖掘过程中的可视化主要是如何实现参考模型中定义的映射、变换和交互控制，可以把各种数据信息可视化看作从数据信息到可视化形式、再到人的感知系统的可调节的映射。

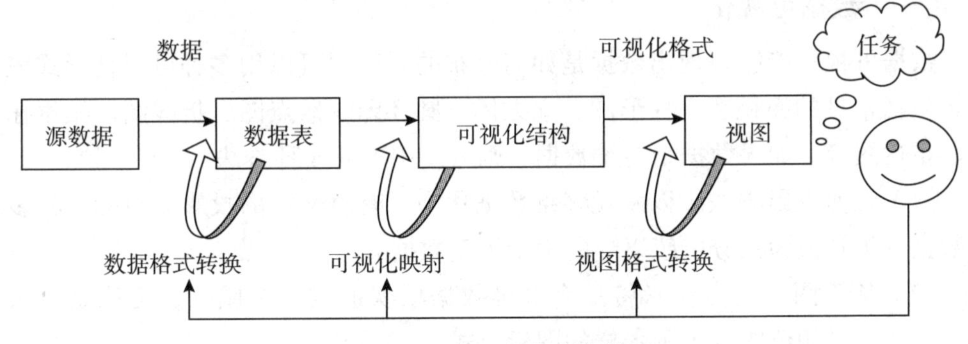

图 2–1　信息可视化参考模型

从图 2–1 可以看出，可视化是一系列的数据变换。用户可以对这些变换进行控制和调整。数据格式转换把各种各样的原始数据映射并转换为可视化工具可以处理的标准格式；可视化映射运用可视化方法把数据表转换为可视化结构；视图格式转换通过定义位置、图形缩放、剪辑等图形参数创建可视化结构的视图，最终服务于要完成的任务。可视化数据挖掘大致分为以下 4 个阶段。

（1）数据收集阶段。确定业务对象，进行原始数据收集。这一阶段用到的可视化技术主要是数据可视化。

（2）数据预处理阶段。对源数据进行预处理是数据挖掘的必要环节。源数据可能是不一致的或者是有缺失值的，因此数据的整理是必需的，以便于下一步数据挖掘的顺利进行。这一阶段同上一阶段一样，也是以数据可视化为主。

（3）模式发现阶段。数据挖掘的方法主要包括三大类：统计分析、知识发现、其他可视化方法。这一阶段主要用到的是针对过程和交互进行可视化的工具。

（4）模式可视化阶段。使用各种可视化技术，将数据挖掘的结果以各种可见的形式表现出来，并使用各种已知的技术手段，对获得的模式进行数据分析，得出有意义的结论。数据挖掘的最终目的是辅助决策，可视化数据挖掘也不例外，而且可以更直观地验证模型的正确性，一旦有必要就可以调整挖掘模型，也就是说可以在用户直接参与的情况下不断重复进行挖掘来获得期望或是最佳的结果。这样决策者就能根据挖掘的结果，结合实际情况，调整竞争策略等。

二、数据挖掘可视化的类型

按可视化技术与数据挖掘技术的融合方式进行分类，又分为以下几种。

（一）数据可视化

数据可视化能够表现出数据是如何分布的。数据可以用多种可视化形式表示，包括常见的面积图、柱形图、立方体、圆环图、散点图、折线图、帕累托图、雷达图等。如果数据是多维数据，则可使用下面 4 种方法。

（1）几何投影方法。以发现多维数据集中“有意义”的投影为目标，将多维数据分析转换为只分析感兴趣的少量维度数据。

（2）基于图标的方法。将一个多维数据项映射成一个图标，可以是线条图、条状图、颜色图等各种各样的图标形式。

（3）面向像素的方法。面向像素的方法的基本思想是将每个数据值映射到一个有色像素上，并将属于某个属性的数据值表示在一个独立的窗口中。

（4）分层方法。先对 K 维空间进行细分，然后用一种层次的形式表示这些子空间。

以上的可视化方法各有优缺点，而且适用对象也有差异，因此近年来涌现

出一批新的、综合了多种可视化技术的可视化方法，如数据星座、多景观等。

（二）挖掘过程可视化

挖掘过程可视化是指将数据挖掘的整个过程用一种可视化的形式展现在用户的面前。在数据挖掘过程中，展现处理过程的数据可视化有助于理解所采用的方法和数据挖掘算法，并发现其不足之处。IBM Intelligent Miner、SAS Enterprise Miner、SPSS Clementine、Insightful Miner 等著名的商业数据挖掘软件均实现了挖掘过程的可视化。

（三）挖掘结果可视化

挖掘结果可视化指将数据挖掘后得到的知识和结果用可视化的形式表达、解释和评价，以加深用户对结果的理解，并检验知识的真伪和实用性。

数据挖掘发现的知识和结果与用户所感兴趣的模式类型和采用的挖掘方法或算法有关，因此数据挖掘系统应能够以多种形式显示所发现的模式，这些形式包括关联规则、交叉表、散列图、盒图、饼图、条形图、报告、决策树、簇、孤立点、概化规则以及数据立方体、下钻或上卷等。图 2–2 是 4 种常见的挖掘结果可视化形式。

age（X，“young”）and income（X，“high” >class（X，“A”）

age（X，“young”）and income（X，“low”）=>class（X，“B”）

age(X，“old”)=>class(X，“C”)

（a）规则

age	income	class	count
young	high	A	1,4000
young	low	B	1,038
old	high	C	786
old	low	C	1,374

（b）表

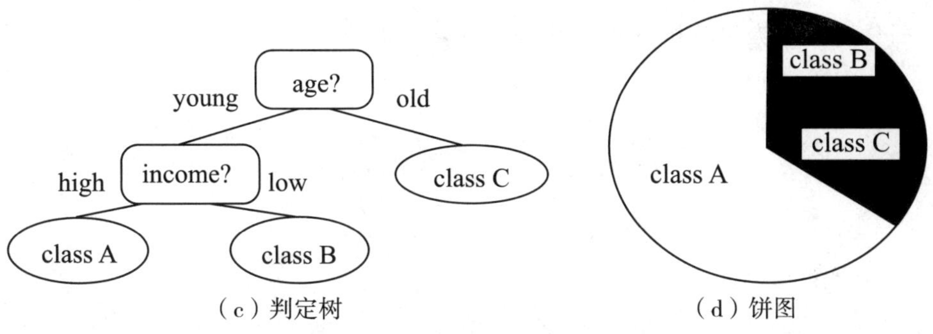

（c）判定树　　（d）饼图

图 2–2　常见的 4 种挖掘结果可视化形式

允许发现的模式以多种形式表示可以帮助不同背景的用户识别有趣的模式，并与系统交互实现进一步的发现。用户应当能够指定用于发现模式的表现形式。

（四）交互式挖掘可视化

交互式挖掘允许用户聚焦搜索模式，根据返回的结果提出和精炼数据挖掘请求。用这种方法，用户可以与数据挖掘系统交互，从不同粒度、不同角度来观察数据和发现模式，参与并影响数据挖掘模型的建立。

可视化数据挖掘技术不仅应用于分析挖掘的过程中，在数据挖掘算法执行的过程中也能起到重要作用。

交互式数据挖掘也可利用数据挖掘原语和数据挖掘查询语言。数据挖掘查询语言能为建立友好的图形用户界面提供基础，若将两者结合起来，就能实现用户与数据挖掘系统的自由交互。

三、平行坐标技术

平行坐标技术是 20 世纪 80 年代提出的一种可视化方法，适用于变化的多维数据集，是一种表达多维空间中的数据的几何投影方式。在传统坐标系中，所有轴相互交叉。在平行坐标中，所有轴都平行并且等区间。为简化起见，将相邻两轴间距离设为 1，轴与轴之间平行，就可将三维以上空间的点、线、平面在平行坐标上表示出来。比如一个六维点（–5，3，4，–2，0，1），图 2–3 即为该点在平行坐标中的表示方法。

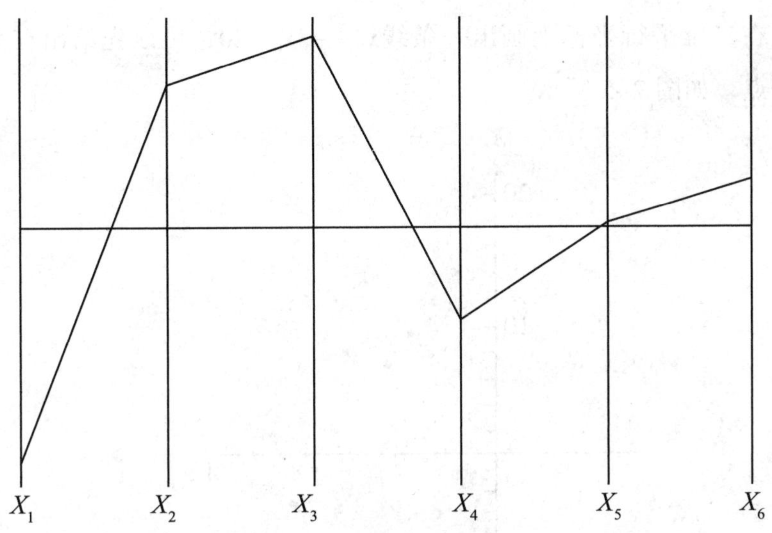

图 2–3　一个六维空间点的平行坐标

图 2–3 中共有 6 条等距离、平行且分别标记为$X_1 \sim X_6$的坐标轴。给出任意点$\left(x_1, x_2, \cdots, x_n\right)$，先在各自轴上画出点$x_i$，再将所有点用线连接起来，如图 2–4 所示，其为一个具有七维数据的平行坐标。

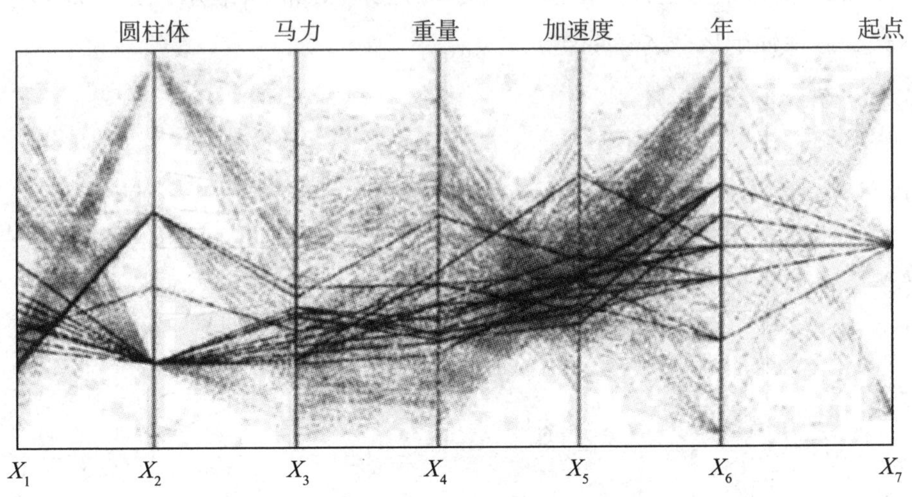

图 2–4　七维数据的平行坐标

为了在二维平行坐标上画出一条线$x_2 = -3x_1 + 20$，可以先给出在平面坐标上该线的点，如图 2-5 所示。

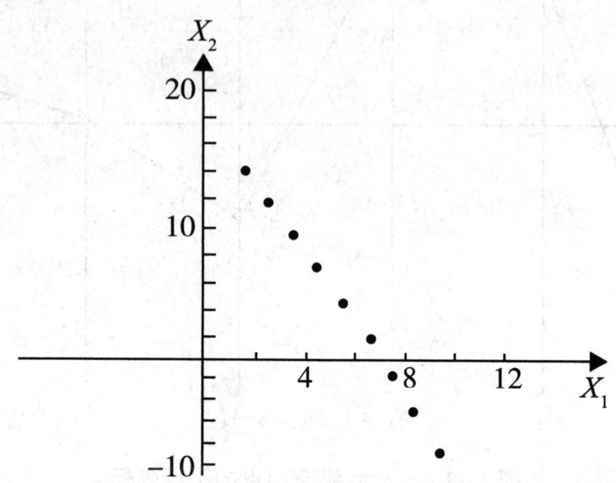

图 2-5　$x_2 = -3x_1 + 20$在平面坐标上的点

图 2-6 是在平行坐标上这些点的表示方法。可以看出，在平行坐标中，所有的线（代表点）都汇集在同一点上。通常，如果 m 不等于 1，那么一条二维的线 $x_2=mx_1+6$ 在平行坐标中由点 [1/（1-m）, b/（1-m）] 表示；如果 m 等于 1，那么在平行坐标中该线无法表示。

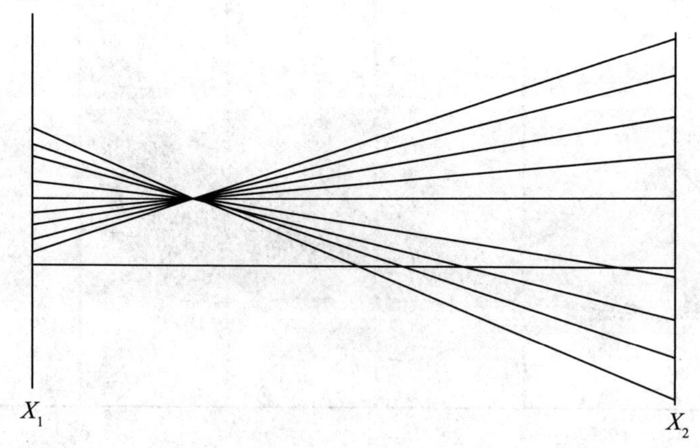

图 2-6　$x_2 = -3x_1 + 20$在平行坐标上的表示法

一条 n 维的线可由如下的若干代数式表示：

$$x_i = m_i x_{i-1} + b_i (i = 2, \cdots, n) \qquad (2-1)$$

其中，每条线都符合二维线定义，因此，可在平行坐标上由若干个点表示。例如，四维线：

$$x_2 = -3x_1 + 12 \tag{2-2}$$

$$x_3 = -4x_2 + 12 \tag{2-3}$$

$$x_4 = -2x_2 - 54 \tag{2-4}$$

与传统直角坐标相比，平行坐标所表达的维数取决于屏幕的水平宽度，而不必使用矢量或其他可视坐标。虽然平行坐标可以考察数据相关性，但随着样本数量的增加，这种优势已不在。另外，通过平行坐标不能看出数据分布情况，为此需要考虑其他的数据可视化方法。

四、圆形分段技术

圆形分段的基本思想不再是在单个子窗口表现各属性值，而是每一个像素对应一个值，将每个数据值映射成一个具有颜色的像素，并将属于每一维上的数据在屏幕的不同区间上显示，每个属性占有圆环的一段（图 2–7）。由于每个数据值由一个像素表示，以往提出的可视化方法中，在屏幕上同时显示的数据项数量很少（100 ～ 5 000），而本节给出的可视化技术可以显示的数据项较多（可多达 100 万个数据值）。其问题就是像素如何在屏幕上排列。

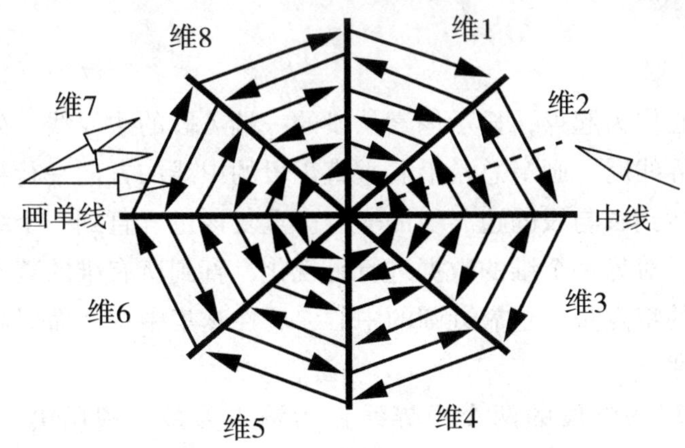

图 2–7　八维数据的圆形分段技术

圆形分段可视化的基本概念就是在圆形的每一个段上显示一维数据。

若数据由 k 维组成，则可将圆形分成 k 段，每一段表示一维数据，在一段内数据项的排列方式沿着“画笔”的方向在段内一来一回排列，该画笔与段的中线正交。圆形分段的算法描述如下：

```
Void fill_segment (line l1, line l2)
输入：边界线 l1, l2
输出：多维数据圆形分段
(int x, y, direction=1);
int record_count=initial_pixels (l1, l2, x, y);
while (record_count<RECORD_ALL)
{while ((point_betw_lines (l1, l2, x, y)) && (record_count<RE-CORD_ALL))
{record_count++;
    setpixel (x, y, color);
    draw_line.compute_next_point (x, y, direction); }
    draw_line.move ();
    draw_line.compute_next_point (x, y, direction);
    direction*=-1;
    while (!point_betw_line (l1, l2, x, y))
    draw_line.compute_.next_point (x, y, direction);
    }
}
```

画笔以圆心作为起点，显示像素从段的一端（段的边界线）到另一端。在画笔遇到段边界线时，画笔总是沿着垂直于段的中线的方向平行移动，并不断改变方向直到达到圆与段的边界线的交点。重复该过程直到一个维的数据全部显示完毕，然后对另一个维的数据进行可视化，直到所有维的数据全部处理完毕。这种方法的特点是，越靠近圆的中心，属性越集中，从而提高了属性值的可视化对比程度。

圆形分段算法将段的两个边界线作为输入参数。利用第一步中的函数 initial_pixels 画出第一个像素点，在确保后面的画笔在两个边界线之间至少有一个像素点时，该函数结束并返回至初始化时画出的像素点。函数 initial_pixels 是必需的，尤其在多维数据情况下更是必要，因为该算法后半部分的 draw_line 系列函数都假设还有“可画”点。用户可以通过改变维的数据在圆内位置进一

步比较数据特性，这是圆形分段技术的一个优点。

圆形分段还可以利用像素点的颜色，通过色彩控制，实现很多应用。通常情况下，都要将数据点的值映射到像素点的色彩值。

第二节　数据的采集与预处理

研究大数据、分析大数据的首要前提是拥有大数据。拥有大数据的方式，要么是自己采集和汇聚数据，要么是获取别人采集、汇聚、整理之后的数据。银行、电商、搜索引擎公司天然具备从事大数据分析的资源和条件，因为它们通过业务系统积累了大量的业务数据和用户行为数据。普通的IT公司并不具备这样的天然条件。现在，为了实现精准营销，很多公司已经开始从电商和搜索引擎公司购买客户数据、行为数据，以精准地发现新客户。数据汇聚的方式各种各样，有些数据是通过业务系统或互联网端的服务器自动汇聚起来的，如业务数据、点击流数据、用户行为数据；有些数据是通过卫星、摄像机和传感器等硬件设备自动汇聚的，如遥感数据、交通数据、人流数据；还有一些数据是通过半自动整理汇聚的，如商业景气数据、税务数据、人口普查数据、政府统计数据。

采集和汇聚的数据可能是异构的。例如，很多银行从20世纪70—80年代就开始使用信息系统，这些系统和软件由不同的公司和人员开发，软件的功能，数据的格式、定义和内容也不尽相同，把这些业务和数据汇聚在一起，实现业务和数据的大集中，需要一年甚至更长时间。所有的大型银行都经历了或正在经历数据大集中的阵痛。在这一过程中，各种数据的理解、清理、变换、集成尤为重要。

一、大数据采集架构

（一）常用大数据采集工具

如今，社会中各个机构部门、企业等正在不断地产生大量的信息，这些信息需要以简单的方式进行处理，同时要十分准确且能迅速满足各种类型的数据（信息）需求者。这给我们带来了许多挑战，第一个挑战就是在大量的数据中收集需要的数据。下面介绍常用的大数据采集工具。

数据采集最传统的方式是企业自己的生产系统产生的数据，如淘宝的商品数据、交易数据等。除上述生产系统中的数据外，企业的信息系统还充斥着大量的用户行为数据、日志式的活动数据、事件信息等，这些数据以往并没有得到重视，而现在越来越多的企业通过架设日志采集系统来保存这些数据，希望通过这些数据获取其商业或社会价值。这些日志系统比较知名的有 Hadoop 的 Chukwa、Cloudera 的 Flume、LinkedIn 的 Kafka，这些工具大多采用分布式架构，可满足大规模日志采集的需求。

Flume 最初是 Cloudera 公司的内部项目，旨在帮助工程师自动导入客户数据，其后发展成一个功能完备的分布式日志采集聚合和传输系统。如今，Flume 已经成为 Apache 基金会的子项目。

互联网时代，网络爬虫也是许多企业获取数据的一种方式。Nutch 就是网络爬虫中的佼佼者，它是 Apache 旗下的开源项目，存在已经超过 10 年，拥有大量的忠实用户。Apache Nutch 最初是 Apache Lucene 项目的一部分，后独立出来成为单独的 Apache 项目。值得一提的是，Apache Nutch 项目培育出了 Hadoop、Gora 等目前流行的开源项目。Apache Nutch 是使用 Java 语言编写的，其提供了较为完整的数据抓取工具，可以通过 Apache Nutch 创建像谷歌、百度那样属于自己的搜索引擎。Nutch 目前已经是一个高度可扩展和可伸缩的网络爬虫工具，拥有大量的插件以及与其他开源项目集成的能力，可以十分方便地定制自己的数据抓取引擎。

（二）Apache Kafka 数据采集

Apache Kafka 是当下流行的分布式发布 / 订阅消息系统。Kafka 早期的版本由 LinkedIn 公司开发，之后成为 Apache 的一个子项目。Apache Kafka 能够高效地处理大量实时数据，其特点是快速、可扩展、分布式、分区和可复制。Kafka 是用 Scala 语言编写的，虽然置身于 Java 阵营，但其并不遵循 JMS（Java Message Service）规范。Apache Kafka 集群不但具有较高的可扩展性和容错性，而且相比其他消息系统（如 ActiveMQ、RabbitMQ 等）具有高得多的吞吐量。因为 Apache Kafka 为发布消息提供了一套存储系统，故其不仅仅用于发布 / 订阅消息，还有很多机构也将其用于日志聚合。

下面给出 Apache Kafka 的一些基本概念。

（1）Topics（话题）：消息的分类名。

（2）Producers（消息发布者）：能够发布消息到 Topics 的进程。

（3）Consumers（消息接收者）：可以从 Topics 接收消息的进程。

（4）Broker（代理）：组成 Kafka 集群的单个节点。

简单地说，Producers 将消息发送到 Broker，并以 Topics 的名称分类，Broker 又服务于 Consumers，将指定 Topics 分类的消息传递给 Consumers。Apache Kafka 目前主要采用 Apache Zookeeper 协助其管理 Kafka 集群。

1.Topics

Topics 是消息的分类名（或 Feed 的名称）。Kafka 集群或 Broker 为每一个 Topic 维护一个分区日志。每一个分区日志是有序的消息序列，这些消息连续追加到分区日志上，并且是不可更改的。分区中的每条消息都会被分配顺序 ID 号，也称为偏移量，是其在该分区中唯一的标识。Kafka 集群保留了所有发布的消息，直到该消息过期，即使这些消息已经被 Consumers 接收，其也不会被删除；可以配置分区保留消息的时间。

2. 日志分区

一个 Topic 可以有多个分区，这些分区可以作为并行处理的单元，从而使 Kafka 有能力高效地处理大量数据。这些日志分区被分配到 Kafka 集群中的多个服务器上进行处理，每个分区也会备份到 Kafka 集群的多个服务器上，备份的数量是可以配置的。

Kafka 为每个分区分配一台服务器作为 leader，用于处理所有该分区的读和写的请求。Kafka 为每个分区分配零个或多个服务器充当 follower，follower 对 leader 中的分区进行备份。

3.Producers

Producers 是向它们选择的主题发布数据。生产者可以选择分配某个主题到哪个分区上。

4.Consumers

Kafka 提供一种单独的消费者抽象，此抽象具有两种模式的特征消费组：Queu-ing 和 Publish-Subscribe。消费者使用消费组名字标识它们，每个主题的每条消息都会发送到某个 Consumers 实例，这些实例所在的消费组需要提出订阅，方可获取消息。这些消费者实例既可以处于单独的进程中，也可以处于单独的机器上。

二、数据预处理

数据预处理是指在对数据进行挖掘以前，需要先对原始数据进行清理、集成与变换等一系列处理工作，以达到挖掘算法进行知识获取研究所要求的最低规范和标准。在当今的大数据时代，存在含噪声的、值丢失的和不一致的数据是现实世界大型数据库的共同特点。通过数据预处理工作，可以使残缺的数据完整，并将错误的数据纠正、多余的数据去除，进而将所需的数据挑选出来，进行数据集成。数据预处理的常见方法有数据清洗、数据集成与数据变换。数据清洗（data cleaning）的过程一般包括填补存在遗漏的数据值、平滑有噪声的数据、识别或除去异常值，并且解决数据不一致等问题。数据集成（data integration）是指将多个不同数据源的数据合并在一起，形成一致的数据存储，如将不同数据库中的数据集成到一个数据库中进行存储。数据变换（data transformation）是指将数据转换成适合于挖掘的形式，通常包括平滑处理、聚集处理、数据泛化处理、规格化、属性构造等方式。

（一）数据清洗

数据清洗是进行数据预处理的首要方法。通过填充缺失的数据值，以及光滑噪声、识别或删除离群点、纠正数据不一致等方法，达到纠正错误、标准化数据格式、清除异常和重复数据等目的。

1. 填充缺失值

数据缺失是大数据库中常见的问题，产生的原因也是多种多样的。保罗·D. 阿利森（Paul D. Allison）在其《缺失数据》中介绍了数据缺失的原因以及处理缺失数据问题的相关策略。缺失值产生的原因主要包括机械原因和人为原因。例如，因数据存储问题或机械故障而导致某个时间段的定时数据未能完整采集，或是人的刻意隐瞒、主观失误等原因导致采集到无效数据等。

填充缺失值通常包括以下几个处理方法：

（1）忽略元组。通常在缺少类标号时，通过这样的方法来填补缺失值。当元组中有多个属性缺失值时，该方法比较有效。而当每个属性缺失值的百分比变化差异很大时，该方法不能很好地处理缺失值问题。

（2）人工填写缺失值。用户自己最了解关于自己的数据，因此这个方法产生数据偏离的问题最小，但该方法十分费时，尤其是当数据集很大、存在很多

缺失值时，靠人工填写的方法不具备实际的可操作性。

（3）使用一个全局常量填充缺失值。该方法是将缺失的属性值用同一个常数进行替换，如“Unknown”。然而，此方法大量采用同一属性值，又可能会误导挖掘程序得出有偏差甚至错误的结论，因此也要谨慎使用。

（4）用属性的均值填充缺失值。运用该方法时需要将数据属性分为数值属性和非数值属性进行处理，通过利用已存数据的多数信息来推测缺失值，以此来实现缺失值的填充。

（5）用同类样本的属性均值填充缺失值。例如，将银行客户按信用度分类，可以使用信用度相同的、所有已知家庭月总收入的贷款客户的家庭月总收入平均值，替换未知家庭月总收入贷款客户对应字段的缺失值。

（6）使用最可能的值填充缺失值。可以用回归、使用贝叶斯形式化的、基于推理的工具或决策树归纳确定。例如，利用数据集中其他客户的属性，可以构造一棵决策树来预测家庭月总收入的缺失值。

其中方法（3）～（6）会使数据发生偏置，从而使填入的值未必正确。但是，方法（6）是常用的策略，同其他方法相比，它使用已有数据的大部分信息来预测缺失值。在预测家庭月总收入的缺失值时，通过考察其他属性的值，更能保持家庭月总收入和其他属性之间的联系。需要强调的是，在某些情况下，缺失值并不意味着数据出现了错误。例如，申请人在申请信用卡时，可能要求申请人提供驾驶执照号。没有驾驶执照的申请者该字段必然为空。表格应当允许填表人使用诸如“无效”等值。软件例程也可以用来发现其他空值，如“不知道”“不确定”“？”或“无”。理想情况是，每个属性都应当有一个或多个关于空值条件的规则。这些规则可以说明是否允许空值，或这样的空值应当如何处理或变换。如果它们在商务处理的最后一步未提供值的话，字段也可能故意留下空白。所以，在获取数据后，尽管我们会尽力清理数据，但较好的数据库和数据输入的设计将有助于在最初就将缺失值或错误的数量最少化。

2. 光滑噪声数据

噪声是被测量的变量的随机误差或方差。给定一个数值属性，如何才能使数据“光滑”，去掉噪声？下面给出数据光滑技术的具体内容。

（1）分箱。分箱方法是通过考察某一数据周围数据的值，即“近邻”来光滑有序数据的值。这些有序值将分布到一些“桶”或箱中。分箱方法考察的是数据的近邻值，因此只能做到局部光滑。一般而言，宽度越大，光滑效果越好。箱也可以是等宽的，每个箱的区间范围是一个常量。分箱也可以作为一种离散化技术被使用。

（2）回归。线性回归的目标就是查找拟合两个属性的“最佳”线，使其中一个属性可以用于预测另一个属性。多元线性回归是线性回归的扩展，其涉及的属性多于两个，并且将数据拟合到一个多维曲面上。

（3）聚类。离群点可通过聚类进行检测，将类似的值组织成群或簇，离群点即为落在簇集合之外的值。许多数据光滑的方法也是涉及离散化的数据归约方法。例如，上面介绍的分箱技术使每个属性的不同值在数量上得以减少。基于逻辑的数据挖掘方法，如决策树归纳，反复地对排序后的数据进行比较，充当了一种形式的数据归约。

（二）数据集成

数据挖掘经常需要数据集成合并来自多个数据存储的数据。数据还可能需要变换成适于挖掘的形式。数据分析任务多半涉及数据集成。数据集成合并多个数据源中的数据，存放在一个一致的数据存储（如数据仓库）中。这些数据源可能包括多个数据库、数据立方体或一般文件。在数据集成时，有下述4个问题需要重点考虑。

1. 模式集成和对象匹配问题

来自多个信息源的现实世界的等价实体的匹配涉及实体识别问题，可判断一个数据库中的customer字段与另一个数据库中的customer是否是相同的属性。每个属性的元数据可以用来帮助避免模式集成的错误。借助元数据还可以对数据进行变换。

2. 冗余问题

如果一个属性能由另一个或另一组属性“导出”，则该属性可能是冗余的。数据集中的冗余也可能是由属性或命名的不一致引起的。有些冗余可以被相关分析检测到。给定两个属性，这种分析可以根据可用的数据，度量一个属性能在多大程度上蕴含另一个属性。对于数值属性，可通过计算属性A和B之间的相关系数来估计这两个属性的相关度。

3. 元组重复

去规范化表的使用也可能导致数据冗余。不一致通常出现在各种不同的副本之间，是由不正确的数据输入，或者更新了数据的部分副本记录而导致的。

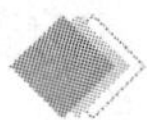

4. 数据值冲突的检测与处理问题

对于现实世界的同一实体，来自不同数据源的属性值可能不同。这可能是因为表示、比例或编码不同。例如，重量属性可能在一个系统中以国际单位存放，而在另一个系统中以英制单位存放。对于连锁旅馆，不同城市的房价可能不仅涉及不同的货币，还涉及不同的服务（如免费早餐）和税。在一个系统中记录的属性的抽象层可能比另一个系统中“相同的”属性低。例如，“total._number”在一个数据库中可能指一个班级的学生总数，而在另一个数据库中，可能指整所大学的学生总数。

（三）数据变换

数据变换的目的是将数据变换或统一成适合挖掘的形式。数据变换主要涉及以下内容。

1. 光滑

去除数据中的噪声。

2. 聚集

对数据进行汇总或聚集。例如，可以聚集日销售数据，计算月和年销售量。通常，这一步用来为多粒度数据分析构造数据立方体。

3. 数据泛化

使用概念分层，用高层概念替换低层或“原始”数据。例如，分类的属性——街道，可以泛化为较高层的概念城市或国家。类似地，数值属性——年龄，可以映射到较高层概念——青年、中年和老年。

4. 规范化

将属性数据按比例缩放，使之落入一个小的特定区间，如 0.0 ～ 1.0。

5. 属性构造（或特征构造）

可以构造新的属性并添加到属性集中，以帮助挖掘过程。

通过将属性值按比例缩放，使之落入一个小的特定区间，如 0.0 ～ 1.0，从而对属性进行规范化。对于涉及神经网络或距离度量的分类算法（如最近邻分类）和聚类，规范化特别有用。如果使用神经网络后向传播算法进行分类挖掘，对于训练元组中量度每个属性的输入值，规范化将有助于其加快学习阶段的速度。对基于距离的方法，规范化可以帮助防止具有较大初始值域的属性

（如 income）与具有较小初始值域的属性（如二元属性）相比权重过大。

第三节　数据挖掘算法

在数据挖掘的发展过程中，数据挖掘不断地将诸多学科领域知识与技术融入当中，因此目前数据挖掘算法已呈现出极为丰富的形式。从使用的广义角度上看，数据挖掘常用分析方法主要有分类、聚类、估值、预测、关联规则可视化等。

从数据挖掘算法所依托的数理基础角度上看，目前数据挖掘算法主要分为三大类：机器学习方法、统计方法与神经网络方法。机器学习方法分为决策树、基于范例学习、规则归纳与遗传算法等；统计方法分为回归分析、时间序列分析、关联分析、聚类分析、模糊集、粗糙集、探索性分析、支持向量机与最近邻分析等；神经网络方法分为前向神经网络、自组织神经网络、感知机、多层神经网络、深度学习等。在具体的项目应用场景中，通过使用上述这些特定算法，可以从大数据中整理并挖掘出有价值的数据，经过数学或统计模型的进一步解释与分析，提取出隐含在这些大数据中的潜在的规律、规则、知识与模式。下面介绍数据挖掘中经常使用的数据挖掘算法。

一、分类

分类是一种重要的数据分析形式，根据重要数据类的特征向量值及其他约束条件，构造分类函数或分类模型（分类器），其目的是根据数据集的特点把未知类别的样本映射到给定类别中。数据分类过程主要包括两个步骤。

第一步，建立一个模型。

第二步，使用模型进行分类，如图 2–8 所示。

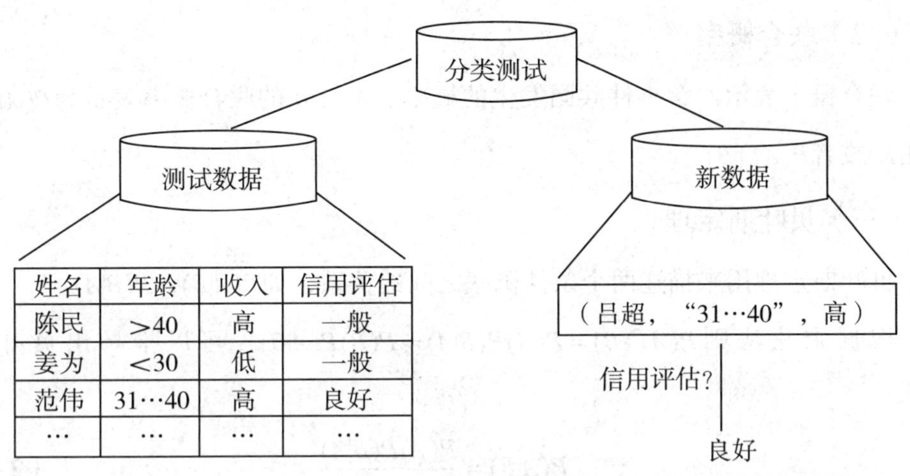

图 2–8 使用模型进行分类

分类分析在数据挖掘中是一项比较重要的任务，目前在商业上应用最多。

分类的目的是从历史数据记录中自动推导出关于给定数据的推广描述，从而学会一个分类函数或分类模型（也常常称作分类器）。该模型能把数据库中的数据项映射到给定类别中的某一个类中。要构造分类器模型，就需要有一个训练样本数据集作为预先的数据集或概念集，通过分析由属性 / 特征描述的样本（或实例、对象等）来构造模型。为建立模型而被分析的数据元组形成训练数据集，训练数据集中的单个元组称作训练样本，并随机地由样本群选取。此外，每一个训练样本都有一个预先定义的类别标记，由一个被称为类标签的属性确定。一个具体样本的形式可表示为$\{X_1,\cdots,X_n,C\}$，其中 X 表示字段值，C 表示类别。由于样本数据的类别标记是已知的，在预先知道目标数据的有关类的信息情况下，从训练样本集中提取出分类的规则，以用于对其他标号未知的对象进行类标识。因此，分类又称为有监督的学习。

（一）贝叶斯决策与分类器

先介绍一下条件概率。

事件 A 在另外一个事件 B 已经发生的条件下的发生概率，称为在 B 条件下 A 的概率，表示为$P(A|B)$。

$$P(A|B)=\frac{P(A|B)}{P(B)} \tag{2–5}$$

（二）联合概率

联合概率表示两个事件共同发生的概率。A 与 B 的联合概率表示为$P(AB)$、$P(A,B)$或者$P(A\cap B)$。

（三）贝叶斯定理

贝叶斯定理用来描述两个条件概率之间的关系，如$P(A|B)$，$P(B|A)$。

根据乘法法则$P(A\cap B)=P(A)P(B|A)=P(B)P(A|B)$，可以推导出贝叶斯公式：

$$P(A|B)=\frac{P(A)P(B|A)}{P(B)} \tag{2-6}$$

（四）全概率公式

全概率公式是概率论中的重要公式，它将对复杂事件 A 的概率求解问题转化为在不同情况下发生的简单事件的概率求和问题。

设$B_1,\cdots,B_n$构成一个完备事件组，即它们两两互不相容，其和为全集，且$P\left(B_i\right)\geqslant 0(i=1,\cdots,n)$，则事件 A 的概率为：

$$P(A)=P\left(A|B_1\right)P\left(B_1\right)+\cdots+P\left(A|B_n\right)P\left(B_n\right)=\sum_{i=1}^{n}P\left(A|B_i\right)P\left(B_i\right) \tag{2-7}$$

贝叶斯分类器的基本思想是对于给出的待分类项，求解在此项出现的条件下各个类别出现的概率，哪个类别出现的概率最大，就可以认为此待分类项属于该类别。例如，水果摊上的甘蔗，如果问甘蔗的产地，一般人会回答来自海南，因为海南是甘蔗的主要产地，当然也可能来自东南亚，但在没有更多可用信息的情况下，一般会选择条件概率最大的类别，这就是贝叶斯的基本思想。

贝叶斯模型发源于古典数学理论，有着坚实的数学基础以及稳定的分类效率。同时，贝叶斯模型所需估计的参数很少，对缺失数据不太敏感，算法也比较简单。理论上，可通过某对象的先验概率，利用贝叶斯公式计算出其后验概率，即该对象属于某一类的概率，再选择具有最大后验概率的类作为该对象所属的类。贝叶斯模型与其他分类方法相比具有最小的误差率。但实际上并非总是如此，这是因为贝叶斯模型假设属性之间相互独立，但这个假设在实际应用中往往是不成立的，这就给贝叶斯模型的正确分类带来了一定的影响。在属性

个数比较多或者属性之间相关性较大时，贝叶斯模型的分类效率比不上决策树模型。而在属性相关性较小时，贝叶斯模型的性能最为良好。

贝叶斯分类的流程如下：

（1）每个数据样本均由一个 n 维特征向量 $\boldsymbol{X}=\{x_1,x_2,\cdots,x_n\}$ 表示，分别描述其 n 个属性 $A_1,A_2,\cdots,A_n$ 的具体取值。

（2）假设共有 m 个不同类别，$C_1,C_2,\cdots,C_m$。给定一个未知类别的数据样本 $\boldsymbol{X}$（没有类别号），分类器预测属于 $\boldsymbol{X}$ 后验概率最大的那个类别。也就是说，朴素贝叶斯分类器将未知类别的样本 $\boldsymbol{X}$ 归属到类别 C_i，当且仅当 $P(C_i|\boldsymbol{X})>P(C_j|\boldsymbol{X})$，$1\leqslant j\leqslant m, j\neq i$。

也就是 $P(C_i|\boldsymbol{X})$ 最大。其中类别 C_i 就称为最大后验概率的假设。根据式（2–6）可得：

$$P(C_i|\boldsymbol{X})=\frac{P(\boldsymbol{X}|C_i)P(C_i)}{P(\boldsymbol{X})} \tag{2–8}$$

（3）由于 $P(\boldsymbol{X})$ 对所有的类别均是相同的，因此只需要 $P(\boldsymbol{X}|C_i)P(C_i)$ 取最大即可。由于类别的先验概率是未知的，则通常假定类别出现概率相同，即 $P(C_1)=P(C_2)=\cdots=P(C_m)$。这样对于式（2–4）取最大转换成只需要求 $P(\boldsymbol{X}|C_i)$ 最大。类别的先验概率一般可以通过 $P(C_i)=\frac{s_i}{s}$ 公式进行估算，其中 s_i 为训练样本集合中类别 C_i 的个数，s 为整个训练样本集合的大小。

（4）根据所给定包含多个属性的数据集，直接计算 $P(\boldsymbol{X}|C_i)$ 的运算量非常大。为实现对 $P(\boldsymbol{X}|C_i)$ 的有效估算，朴素贝叶斯分类器通常都假设各类别是相互独立的，即各属性间不存在依赖关系，其取值是相互独立的。

$$P(C_i|\boldsymbol{X})=\prod_{k=1}^{n}p(x_k|C_i) \tag{2–9}$$

可以根据训练数据样本估算 $p(x_1|C_i),p(x_2|C_i),\cdots,p(x_n|C_i)$ 的值。

如果A_k是分类属性，则$p\left(x_k|C_i\right)=\frac{s_{ik}}{s_i}$；其中$s_{ik}$是在属性$A_k$上具有值$x_k$的$C_i$的训练样本数，而 s_i 是 C_i 中的训练样本数。

如果A_k是连续值属性，那么通常假定该属性服从高斯分布。因而：

$$p\left(x_k|C_i\right)=g\left(x_k,\mu_{ci},\sigma_{ci}\right)\frac{1}{\sqrt{2\pi}\sigma_{ci}}\mathrm{e}^{\frac{\left(x-\mu_{ci}\right)^2}{2\sigma_{ci}^2}} \tag{2-10}$$

给定类 C_i 的训练样本属性 A_k 的值，$g\left(x_k,\mu_{ei},\sigma_{ei}\right)$是属性 A_k 的高斯密度函数，μ_{ci}、σ_{ci}分别为均值和方差。

（5）为预测一个未知样本 I 的类别，可对每个类别 C 估算相应的。样本 $\boldsymbol{X}$ 归属类别 C，当且仅当 $\boldsymbol{X}$ 属于$P\left(C_i\right)$为最大的类 C_i。

朴素贝叶斯分类器是基于各类别相互独立这一假设来进行分类计算的，也就是要求若给定一个数据样本类别，其样本属性的取值应是相互独立的。这一假设简化了分类计算的复杂性，若这一假设成立，则与其他分类方法相比，朴素贝叶斯分类器是最准确的，具有最小的错误率。实际上，由于其所依据的类别独立性的假设以及缺乏某些数据的准确概率分布，贝叶斯分类的准确率受到影响。

二、支持向量机算法

支持向量机（support vector machine，SVM）在解决小样本、非线性及高维模式识别中表现出许多特有的优势，并能推广应用到函数拟合等其他机器学习问题中。目前，该算法已成为最主要的模式识别方法之一。使用 SVM 可以在高维空间构造良好的预测模型，该算法在 OCR、语言识别、图像识别等方面得到广泛的应用。

支持向量机方法是建立在统计学习理论的 VC 维理论和结构风险最小原理基础上的，根据有限的样本信息在模型的复杂性（对特定训练样本的学习精度）和学习能力（无错误地识别任意样本的能力）之间寻求最佳折中，以期获得最好的推广能力（或称泛化能力）。

VC 维是对函数类的一种度量，可以简单地理解为问题的复杂程度，VC 维越高，一个问题就越复杂。机器学习本质上就是一种对问题真实模型的逼近

（选择一个认为比较好的近似模型，这个近似模型就称为一个假设），由于无法得知选择的假设与问题真实解之间究竟有多大差距，这个与问题真实解之间的误差就称为风险。真实误差无从得知，但可以用某些掌握的量来逼近它，即使用分类器在样本数据上的分类结果与真实结果（因为样本是已经标注过的数据，是准确的数据）之间的差值来表示，这个差值称为经验风险。传统的机器学习方法都把经验风险最小化作为努力的目标，但后来发现很多能够在样本集上达到 100% 的正确率的分类函数，其实际分类的效果不能令人满意，这说明仅仅满足经验风险最小化的分类函数推广能力差，或泛化能力差，这是因为相对于实际数据集，样本数是微乎其微的，经验风险最小化原则只能在占很小比例的样本上做到没有误差，而不能保证在更大比例的真实数据集上也没有误差。

因此，统计学习引入了泛化误差界的概念，其是指真实风险应该包括两部分内容，其一是经验风险，代表了分类器在给定样本上的误差；其二是置信风险，代表了在多大程度上可以信任分类器在未知数据上分类的结果。很显然，第二部分是没有办法精确计算的，因此只能给出一个估计的区间，从而使整个误差只能计算上界，而无法计算准确的值（所以叫作泛化误差界，而不叫泛化误差）。

置信风险与两个量有关：一是样本数量，显然给定的样本数量越大，学习结果越有可能正确，此时置信风险越小；二是分类函数的 VC 维，显然 VC 维越大，推广能力越差，置信风险会变大。

泛化误差界的公式为$R(W)\leqslant R_{epm}(W)+\Phi(n|h)$，式中 $R(W)$ 就是真实风险，$R_{emp}(W)$就是经验风险，$\Phi(n|h)$就是置信风险。统计学习的目标从经验风险最小化变为了寻求经验风险与置信风险之和最小化，即结构风险最小。SVM 正是这样一种努力最小化结构风险的算法。

（一）线性可分情形 SVM

SVM 算法是从线性可分情况下的最优分类超平面提出的。所谓最优分类超平面，就是要求分类超平面不但能将两类样本点无错误地分开，而且要使两类样本点的分类空隙最大。

设线性判别函数的一般形式为：

$$f\left(x_i\right)=w^{\mathrm{T}}x_i+b \tag{2-11}$$

特征向量 $x_i=\left(xi_1,\cdots,xi_n\right)^{\mathrm{T}}$，权向量 $w=\left(w_1,\cdots,w_n\right)^{\mathrm{T}}$，分类超平面方程 $w^{\mathrm{T}}x_i+b=0$，通过将判别函数进行归一化，使两类样本都满足$\left|f\left(x_i\right)\right|\geqslant 1$，此时离分类超平面最近的样本$\left|f\left(x_i\right)\right|=1$，而要求分类超平面对所有样本都能正确分类，就是要求它满足：

$$y_i\left(w^{\mathrm{T}}x_i+b\right)-1\geqslant 0,i=1,2,\cdots,n \tag{2-12}$$

式（2-8）中使等号成立的那些样本称为支持向量。

在分类超平面方程$w^{\mathrm{T}}x_i+b=0$确定的情况下，“+1”一侧的某一样本$(x_i,+1)$到超平面的距离γ_i可以表示为$\gamma_i=\frac{w^{\mathrm{T}}}{\|w\|}x_i+\frac{b}{\|w\|}$，相应地，“−1”一侧的某一样本（$x_j$，−1）到超平面的距离$\gamma_i$可以表示为$\gamma_j=-\left(\frac{w^{\mathrm{T}}}{\|w\|}x_j+\frac{b}{\|w\|}\right)$，因此对于任意样本$(x_i$，$y_i)$到超平面的距离是$\gamma_i=y_i\left(\frac{w^{\mathrm{T}}}{\|w\|}x_i+\frac{b}{\|w\|}\right),y_i\in\{-1,+1\}$。

由于支持向量的$\left|f\left(x_i\right)\right|=1$，两类样本的分类空隙的间隔大小为：

$$\text{Margin}=\frac{2}{\|w\|} \tag{2-13}$$

因此，最优分类超平面问题可以表示为在条件（2-8）约束下求取$\max\frac{1}{\|w\|}$的约束优化问题，由于求$\max\frac{1}{\|w\|}$相当于求$\min\frac{1}{2}\|w\|^2=\frac{1}{2}\left(w^{\mathrm{T}}\cdot w\right)$，上述最优问题可以表示为在式（2-8）的约束下，求目标函数$\phi(w)$的最小值。

$$\phi(w)=\frac{1}{2}\|w\|^2=\frac{1}{2}\left(w^{\mathrm{T}}\cdot w\right) \tag{2-14}$$

目标函数是二次的，约束条件是线性的，所以它是一个凸二次规划问题。为此，可以定义如下 Lagrange 函数（通过拉格朗日函数将约束条件融合到目标函数中去，从而只用一个函数表达式便能清楚地表达出问题）：

$$L(w,b,a)=\frac{1}{2}\left(w^{\mathrm{T}}\cdot w\right)-\sum_{i=1}^{n}\alpha_i\left[y_i\left(w^{\mathrm{T}}x_i+b\right)-1\right] \tag{2-15}$$

式中，$a_i \geqslant 0$，为Lagrange系数。对w和b求Lagrange函数的最小值，把式（2-11）分别对w，b，a求偏微分并令它们等于0，得：

$$\frac{\partial L}{\partial w}=0\Rightarrow\sum_{i=1}^{n}\alpha_i y_i x_i \tag{2-16}$$

$$\frac{\partial L}{\partial b}=0\Rightarrow\sum_{i=1}^{n}\alpha_i y_i=0 \tag{2-17}$$

$$\frac{\partial L}{\partial \alpha_i}=0\Rightarrow\alpha_i\left[y_i\left(w^{\mathrm{T}}x_i+b\right)-1\right]=0 \tag{2-18}$$

以上3式加上原约束条件可以把原问题转化为如下凸二次规划的对偶问题：

$$\begin{cases}\max_{i=1}^{n}\alpha_i-\frac{1}{2}\sum_{i=1}^{n}\sum_{j=1}^{n}\alpha_i\alpha_j y_i y_j\left(x_i^{\mathrm{T}}x_j\right)\\ \text{s. t.}\quad a_i\geqslant 0,i=1,\cdots,n\\ \sum_{i=1}^{n}\alpha_i y_i=0\end{cases} \tag{2-19}$$

这是一个不等式约束下二次函数机制问题，存在唯一最优解。若a_i^*为最优解，则：

$$w^*=\sum_{i=1}^{n}a_i^* y_i x_i \tag{2-20}$$

$a*$不为零的样本，即为支持向量，因此最优分类面的权系数向量是支持向量的线性组合。

b^*可由约束条件$a_i\left[y_i\left(w^{\mathrm{T}}x_i+b\right)-1\right]=0$求解，由此求得的最优分类函数为：

$$f(x)=\operatorname{sgn}\left[\left(w^*\right)^r x+b^*\right]=\operatorname{sgn}\left(\sum_{i=1}^{n}a_i^* y_i x_i x+b^*\right) \tag{2-21}$$

其中，sgn为符号函数。

（二）非线性可分情形SVM

当用一个超平面不能把两类点完全分开时（只有小数点被错分，或者存在噪声点且离超平面很近），可以引入松弛变量$\xi_i\left(\xi_i \geq 0, i=1,\cdots,n\right)$，使超平面$w^{\mathrm{T}}x_i+b=0$满足：

$$y_i\left(w^{\mathrm{T}}x_i+b\right) \geqslant 1-\xi_i, i=1,2,\cdots,n \tag{2-22}$$

当$0<\xi_i<1$时，样本点x_i仍旧被正确分类，而当$\xi_i \geqslant 1$时，样本点x_i被错分。为此，引入以下目标函数：

$$\psi(w,\xi)=\frac{1}{2}w^{\mathrm{T}}w+C\sum_{i=1}^{n}\xi_i \tag{2-23}$$

式中，C是一个正常数，称为惩罚因子。此时SVM可以通过二次规划（对偶规划）来实现：

$$\begin{cases} \max\sum_{i=1}^{n}\alpha_i-\frac{1}{2}\sum_{i=1}^{n}\sum_{j=1}^{n}\alpha_i\alpha_j y_i y_j\left(x_i^{\mathrm{T}}x_j\right) \\ \text{s.t. } 0 \leqslant a_i \leqslant C, i=1,\cdots,n \\ \sum_{i=1}^{n}\alpha_i y_i=0 \end{cases} \tag{2-24}$$

（三）SVM的核函数

若在原始空间中的简单超平面不能得到满意的分类效果，则必须以复杂的超曲面作为分界面。

首先通过非线性变换$\phi(x)\to\psi$将输入空间变换到一个高维空间，然后在这个新空间中求取最优线性分类面，而这种非线性变换是通过定义适当的核函数（内积函数）实现的，令：

$$K\left(x_i,x_j\right)=\left(\phi\left(x_i\right),\phi\left(x_j\right)\right) \tag{2-25}$$

用核函数$K\left(x_i,x_j\right)$代替最优分类平面中的点积xx，就相当于把原特征空间变换到了某一新的特征空间，此时优化函数变为$x_i^{\mathrm{T}}x_j$，就相当于把原特征空间变换到了某一新的特征空间，此时优化函数变为：

$$Q(\alpha)=\sum_{i=1}^{n}\alpha_i-\frac{1}{2}\sum_{i=1}^{n}\sum_{j=1}^{n}\alpha_i\alpha_j y_i y_j\left(x_i^{\mathrm{T}}x_j\right) \tag{2-26}$$

而相应的判别函数式则为：

$$f(x)=\operatorname{sgn}\left(\left(w^{*}\right)^{\mathrm{T}}\phi(x)+b^{*}\right)=\operatorname{sgn}\left(\sum_{i=1}^{n}\alpha_{i}y_{i}K\left(x_{i}x\right)+b^{*}\right) \tag{2-27}$$

式中：x_i为支持向量；x为未知向量。式（2-27）就是SVM，在分类函数形式上类似于一个神经网络，其输出是若干中间层节点的线性组合，而每一个中间层节点对应于输入样本与一个支持向量的内积，因此也被称为支持向量网络。

由于最终的判别函数中实际只包含未知向量与支持向量的内积的线性组合，因此识别时的计算复杂度取决于支持向量的个数。

目前常用的核函数形式主要有以下3类，它们都与已有的算法有对应关系。

（1）多项式形式的核函数，即$K\left(x_i,y_j\right)=\left(\left(x_i,x_j\right)+1\right)^q,\left(x_i,x_j\right)=x_j^{\mathrm{T}}x_i$，对应SVM是一个$q$阶多项式分类器。

（2）高斯核函数，即$K\left(x_i,x_j\right)=e^{\frac{\left\|x_i,x_j\right\|^2}{2\sigma^2}}$，对应SVM是一种高斯分类器。

（3）S形核函数，即$K\left(x_i,x_j\right)=\tan\left\{h\left[v\left(x_j^{\mathrm{T}}x_i\right)+c\right]\right\}$，则SVM实现的就是一个两层的感知器神经网络，只是在这里网络的权值和网络的隐层节点数目都是由算法自动确定的。

三、聚类

物以类聚，人以群分，聚类分析是一种重要和多变量统计方法。聚类分析最早起源于分类学，最初，人们依靠经验将一类事件的集合分为若干子集。随着科技的发展，人们将数学工具引入分类学，聚类算法便被细化归入数值分类学领域。后来，信息技术快速发展，新数据的出现呈井喷趋势，其结构的复杂性和内容的多元化又给聚类提出了新的要求，于是多元分析技术被引入数值分析学，形成了聚类分析学。

聚类分析的实现步骤大致为特征选择、计算相似度、选择聚类算法、验证判定结果。

聚类分析算法种类繁多，具体的算法选择取决于数据类型、聚类的应用和目的。常用的聚类算法大致分成如下几类：层次聚类算法、划分聚类算法、基于密度的聚类算法、基于网格的聚类算法、基于模型的聚类算法和 K-means 算法。

在实际应用中的聚类算法往往是上述聚类算法中多种算法的整合。

（一）层次聚类算法

层次聚类算法的指导思想是对给定待聚类数据集合进行层次化分解。此算法又称为数据类算法，其根据一定的链接规则将数据以层次架构分裂或聚合，最终形成聚类结果。

从算法的选择上看，层次聚类分为自上而下的分裂聚类和自下而上的聚合聚类。分裂聚类初始将所有待聚类项看成同一类，然后找出其中与该类中其他项最不相似的类分裂出去形成两类。如此反复执行，直到所有项自成一类。聚合聚类初始将所有待聚类项都视为独立的一类，通过连接规则，包括单连接、全连接、类间平均连接，以及采用欧氏距离作为相似度计算的算法，将相似度最高的两个类合并成一个类。如此反复执行，直到所有项并入同一个类。

层次聚类算法中的典型代表算法是 BIRCH（balanced iterative reducing and clustering using hierarchies，利用层次方法的平衡迭代规约和聚类），其核心是采用了一个三元组的聚类特征树，汇总了一个簇的有关信息，从而使一个簇的表示可以用对应的聚类特征，而不必用具体的一组点表示。其通过构造分支因子 B 和簇直径阈值 T 来进行增量和动态聚类。

BIRCH 算法引入了两个重要概念：聚类特征和聚类特征树（clustering feature tree，CF 树），它们用于概括聚类描述，可辅助聚类算法在大型数据库中取得更快的速度和更好的可伸缩性。

树中的非叶节点有后代或“孩子”，它们存储了其“孩子”的 CF 的总和。该树有两个参数：分支因子 B 定义了包括非叶节点 CF 条目的最大个数和叶节点 CF 条目的最大个数；阈值 T（给出了存储在树的叶节点中的子聚类的最大直径）限定了所有条目的最大半径或直径。S 和 T 直接影响了结果树的大小。

BIRCH 算法主要有四个阶段。第一阶段扫描待聚类的所有数据项，根据初始阈值 T 初始化一棵 CF 树。第二阶段采用聚合思路，通过增加阈值 T 重建 CF 树，使其聚合度上升。第三、四阶段，对已有的 CF 树实行全局聚类以得到更好的聚类效果。

然而，BIRCH 算法并未给出详细的设定初始阈值 T 的方法，只是简单地赋值 T=0。在第二阶段中，BIRCH 算法也并未给出增加 T 值的规则。

（二）划分聚类算法

划分法属于硬聚类，其指导思想是将给定的数据集初始分裂为 K 个簇，每个簇至少包含一条数据记录，然后通过反复迭代至每个簇不再改变，即得出聚类结果。划分聚类在初始的一步中即将数据分成给定个数的簇。在运用算法过程中还需使用准则函数对划分结果进行判断，这样易产生最优聚类结果。

（三）基于密度的聚类算法

上面提到的两类算法，其聚类的划分都以距离为基础，容易产生类圆形的凸聚类，而密度算法很好地克服了这一缺点。基于密度的聚类算法的主要思想是，只要邻近区域的密度（对象或数据点的数目）超过某个阈值，就把它加到与之相近的聚类中。也就是说，对给定类中的每个数据点，在一个给定范围的区域中必须至少包含某个数目的点。

基于密度聚类的经典算法 DBSCAN（density-based spatial clustering of applications with noise，具有噪声的基于密度的空间聚类应用）是一种基于高密度连接区域的密度聚类算法。该算法将簇定义为密度相连的点的最大集合，将高密度的区域划分为簇。这样的算法对噪声具有健壮性，并可以在带有噪声的空间数据库中发现任意形状的聚类。

DBSCAN 的基本算法流程如下：从任意对象 P 开始，根据阈值和参数通过广度优先搜索提取从 P 密度可达的所有对象，得到一个聚类。若 P 是核心对象，那可以一次标记相应对象为当前类，并以此为基础进行扩展。得到一个完整的聚类后，再选择一个新的对象重复上述过程。若 P 是边界对象，则将其标记为噪声并舍弃。

尽管 DBSCAN 算法改进了上述两种算法的一些缺陷，但此算法也存在不足，如聚类的结果与较大值参数对稀疏程度不同的数据不具适应性，密度小的区域同一聚类易被分割，密度大的区域不同聚类易被合并。

（四）基于网格的聚类算法

基于网格的聚类算法是采用一个多分辨率的网格数据结构，即将空间量化为有限数目的单元。这些单元形成了网格结构，所有的聚类操作都在网格上进行。基于网格的聚类从对数据空间划分的角度出发，利用属性空间的多维网格数据结构，将空间划分为有限数目的单元，以构成一个可以进行聚类分析的网格结构。这样的处理使算法处理速度更快，其处理工作量与数据项个数无关，而与划分的网格个数有关。

STING（STatistical INformation Grid，统计信息网格）算法将空间区域划分为矩形单元。针对不同级别的分辨率，通常存在多个级别的矩形单元，这些单元形成了一个层次结构——高层的每个单元被划分为多个低一层的单元。

WaveCluster（clustering using wavelet transformation，采用小波变换聚类）是一种多分辨率的聚类算法，它先通过在数据空间上加一个多维网格结构来汇总数据，然后采用一种小波变换来变换原特征空间，在变换后的空间中找到密集区域。

（五）基于模型的聚类算法

基于模型的聚类算法通过为每一个聚类假定一个模型，以寻找数据对给定模型的最佳拟合。它可能通过构建反映数据点空间分布的密度函数来定位聚类，也可能基于标准的统计数字决定聚类数目，考虑噪声数据或孤立点，从而产生健壮的聚类方法。该方法试图优化给定的数据和某些数学模型之间的适应性。该方法常基于这样的假设：数据是根据潜在的概率分布生成的。

基于模型的聚类方法主要有两类：统计学方法（EM 和 COBWEB 算法）和神经网络方法（SOM 算法）。

1. 统计学方法

概念聚类的绝大多数方法采用了统计学的途径。概念聚类是机器学习中的一种聚类方法，给出一组未标记的数据对象，它会产生一个分类模式。与传统聚类不同，概念聚类除了确定相似对象的分组外，还为每组对象发现了特征描述，即每组对象代表了一个概念或类。

概念聚类过程主要有两个步骤：第一，完成聚类；第二，进行特征描述。在这里，聚类质量不再只是单个对象的函数，还包含了其他因素。

2. 神经网络方法

神经网络方法将每个簇描述成一个模型。模型作为聚类的一个“原型”，不一定对应一个特定的数据实例或对象。根据某些距离函数，新的对象可以被分配给与该模型最相似的簇。被分配给某个簇的对象的属性可以根据该簇的模型的属性来预测。

神经网络聚类包括竞争学习方法与自组织特征图映射方法，它们主要是通过若干单元对当前对象的竞争来完成。神经网络聚类方法存在较长处理时间和

复杂数据中的复杂关系问题，还不适合处理大数据库。

（六）K–means 算法

K–means 算法也称作 K– 平均值算法或者 K 均值算法，是一种得到广泛使用的聚类分析算法。该算法于 1967 年由麦奎因（MacQueen）首次提出，而后得到了广泛的应用。

假设有 n 个样本对象，每个样本描述的属性最多有 p 个变量，则每个样本对象可以用一个 p 维向量$x_i=\left(x_{i1},\cdots,x_{ip}\right)$来描述，则含有 n 个对象的样本可以表示为如下矩阵：

$$X=\begin{pmatrix} \boldsymbol{x}_{11} & \cdots & \boldsymbol{x}_{1p} \\ \vdots & & \vdots \\ \boldsymbol{x}_{n1} & \cdots & \boldsymbol{x}_{np} \end{pmatrix} \tag{2–28}$$

通常根据样本之间的亲疏程度来区分样本之间的相似程度，衡量亲疏程度的指标为两个样本之间的距离。每个样本有 p 个属性变量，可以将其视为 p 维空间，n 个样本就为该空间的 n 个点，对于两个样本$x_i=\left(x_{i1},\cdots,x_{ip}\right)$，$x_j=\left(x_{j1},\cdots,x_{jp}\right)$，两者之间的距离越小则越相似，反之则相异。常用距离包括以下几个。

（1）欧氏距离（Euclidean distance）。欧氏距离是最为人熟知的距离度量标准，也就是通常所想象的“距离”。在 n 维欧氏空间中，每个点是一个 n 维实数向量。该空间中的传统距离度量，即常说的 L2 范式，定义如下：

$$d\left(x_i,x_j\right)=\left|\sum_{k=1}^{f}\left(x_{ik}-x_{jk}\right)^2\right|^{\frac{1}{2}} \tag{2–29}$$

（2）曼哈顿距离（Manhattan distance）。之所以称为“曼哈顿距离”或“城区距离”，是因为在两个点之间行进时必须沿着网格线前进，就如同沿着城市（如曼哈顿）的街道行进一样。曼哈顿距离也称为 L1 范式，定义如下：

$$d\left(x_i,x_j\right)=\sum_{k=1}^{p}\left|x_{ik}-x_{jk}\right| \tag{2–30}$$

（3）闵可夫斯基距离（Minkowski distance）。把欧氏距离和曼哈顿距离包含为特例，定义如下：

$$d\left(x_i,x_j\right)=\left|\sum_{k=1}^{p}\left(x_{ik}-x_{jk}\right)^r\right|^{\frac{1}{r}} \tag{2-31}$$

闵可夫斯基距离也称为 L 范式，r=1 则为曼哈顿距离；r=2 则为欧氏距离。

（4）切比雪夫距离（Chebyshev Distance）。采用L_∞范式作为距离度量，即 $d\left(x_i,x_j\right)=\lim\limits_{\to\to\infty}\left|\sum_{k=1}^{\beta}\left(x_{ik}-x_{jk}\right)^r\right|^{\frac{1}{r}}$，当 r 增大时，只有那个具有最大距离的维度在真正起作用，因此L_∞范式定义为所有维度下$\left|x_{ik}-x_{jk}\right|,k\in\{1,2,\cdots,p\}$最大值，定义如下：

$$d\left(x_i,x_j\right)=\max_{k\in\{1,2,\cdots,p\}}\left|x_{ik}-x_{jk}\right| \tag{2-32}$$

计算样本之间的相似性时，可以根据实际需要选择上述距离，其中最常用的是欧氏距离。

K-means 算法首先随机选择 k 个对象，每个对象代表一个簇的初始均值或中心点；对剩余的每个对象，根据它与簇均值的距离，将它指派到最相似的簇；然后计算每个簇的新均值或中心点；重复上述过程，直到准则函数收敛。

准则函数一般为平方误差准则，其定义如下：

$$E=\sum_{i=1}^{k}\sum_{p\in C_i}\left|p-m_i\right|^2 \tag{2-33}$$

式中：E 是数据库中所有对象的平方误差的总和；p 是空间中的点，表示给定的数据对象；m_i是簇C_i的均值（p 和m_i都是多维的向量）。利用这个准则可以使生成的结果簇尽可能紧凑和独立，而各个簇之间尽可能地分开。

输入：数据集 D，簇数 k

输出：簇代表集合 C，簇成员向量 m

/* 初始化簇代表集合 C*/

从数据集 D 中随机选取 i 个数据点，构成初始化簇代表集合 C。

Repeat

/* 再分数据 */

将 D 中的每个数据点重新分配至最近的簇均值或中心点，并更新 m，m_i，表示 D 中第 i 个点的簇标识。

/* 重定均值 */

更新 C，表示第C_j个簇均值或中心点。

Until 准则函数收敛，算法结束。

K-mean 算法是解决聚类问题的一种经典算法，简单快速，处理大数据集时，该算法是相对可伸缩的、高效的。当结果簇是密集的，而簇之间区别明显时，它的效果较好；算法复杂度是$O(n \cdot k \cdot t)$，其中，n 是数据对象的个数，k 是簇的个数，t 是迭代的次数，通常，$k<<n$，且 $t<<n$。K-mean 算法的主要缺点在于算法通常终止于局部最优解，只有当簇均值有定义的情况下才能使用，这可能不适用于某些应用，如涉及有分类属性的数据；必须事先给定要生成的簇的数目 k；对噪声和孤立点数据敏感，少量的该类数据能够对平均值产生极大的影响；不适合发现非凸面形状的簇，或者大小差别很大的簇。

四、关联规则

关联规则是数据挖掘中最活跃的研究方法之一，其是指搜索业务系统中的所有细节或事务，找出所有能把一组事件或数据项与另一组事件或数据项联系起来的规则，以获得存在于数据库中的不为人知的或不能确定的信息，它侧重于确定数据中不同领域之间的联系，也是在无指导学习系统中挖掘本地模式的最普通形式。通过关联规则挖掘可以发现存在于数据库中的项目或属性之间的有趣关系，这些关系是预先未知的和被隐藏的，不能通过数据库的逻辑操作或统计的方法得出。

关联规则最初的动机是针对购物分析问题提出的，其目的是发现交易数据库中不同商品之间的联系规则。通过对顾客的相关交易数据（所购物品项目等）进行智能分析，以获得有关顾客购买模式的一般性规则，为进销存提供有效的数据支撑。

由于关联规则能有效捕捉数据间的重要关系，且形式简洁、易于解释和理解，从大型数据库中挖掘关联规则的问题已成为近年来数据挖掘研究领域的一个热点，其应用领域也非常广泛。例如，医学研究人员希望从现有的成千上万份病历中找出某种疾病患者的共同特征、某一种疾病的并发症、该种疾病的致病因子或关联因子，从而为治愈或预防这种疾病提供一些帮助；生态环境研究人员通过建立生态环境影响因子空间数据库，以便发现生态环境现状与影响因子之间的关联关系，为生态环境治理提供决策依据；等等。其典型的应用领域包括市场货篮分析、交叉销售、金融服务，以及通信、互联网、电子商务等。

一般来说，关联规则挖掘是指从一个大型的数据集（dataset）中发现有趣的关联（association）或相关关系（correlation），即从数据集中识别出频繁出现的属性值集（sets of attribute values），也称为频繁项集（frequent itemsets，频繁集），然后利用频繁项集创建描述关联关系的规则的过程。

关联规则及其相关的定义描述如下：

设$I=\{i_1,i_2,\cdots,i_m\}$是一个项目集合（项集），数据集（一般为事务数据库）$D=\{t_1,t_2,\cdots,t_n\}$是由一系列具有唯一标识 TID 的事务组成，每个事务$t_i(i=1,2,\cdots,n)$都对应I上的一个子集。

设$X\subset I$，项集X在数据集D上的支持度（Support）是包含X的事务在D中所占的百分比，即

$$\text{Support }(X)=|\{t\in D|\ X\subseteq t\}|/|D| \qquad (2\text{-}34)$$

对于项集I和事务数据库D，t中所有满足用户指定的最小支持度（minsupport）的非空子集称为频繁项集或者大项集（large ltemsets）。在频繁项集中挑选出的所有不被其他元素包含的频繁项集称为最大频繁项集（maximum frequent itemsets）或最大项集（maximum large itemsets）。

若X、Y为项集，且$X\cap Y=\phi$，则蕴含式$X\Rightarrow Y$称为关联规则，项集$X\cup Y$的支持度称为关联规则$X\Rightarrow Y$的支持度，记作 Supporter（$X\Rightarrow Y$）。

$$\text{Support }(X\Rightarrow Y)=\text{ Support }(X\cup Y) \qquad (2\text{-}35)$$

一个定义在I和D上的形如$X\Rightarrow Y$的关联规则是通过满足一定的可信度、信任度或置信度来定义的。所谓规则的可信度，是指包含X和Y的事务数与包含X的事务数之比，即：

$$\text{Confidence }(X\Rightarrow Y)=\text{Support}(X\cup Y)/\ \text{Support }(X) \qquad (2\text{-}36)$$

第三章　教育大数据的基础知识

第一节　教育大数据的实现技术

信息技术的进步推动了大数据的发展，从第一台电脑诞生到移动通信、互联网再到大数据，都是技术推动了社会进步。应用在教育领域的信息技术推动了教育大数据时代的到来，如新的大规模数据分布式处理技术使结构化与非结构化数据存储能够实现；联机分析和数据挖掘能够实现对教育的探索性分析；人工智能使教育管理与决策的质量提高了；云计算让开放教育资源的共享得以实现；慕课与翻转课堂为广泛应用教育大数据提供了现实技术。

一、大规模数据分布式处理——Hadoop

采用新的方法采集、存储和分析数据是实现大数据全部价值的必要途径。当下快速生成的更大型、更多样的数据集已不能使用传统的工具和基础设施来高效处理。为解决这一问题，一种可以在通用服务器上运行的开源分布式处理技术 Hadoop 成为目前大数据浪潮的第一推动力。

（一）Hadoop 的概念

Hadoop 是以开源形式发布的一种对大规模数据进行分布式处理的技术，是一个更容易开发和运行处理大规模数据的软件平台。它是由 Apache 软件基金会开发的。用户可以在不了解分布式技术细节的情况下，开发分布式程序，充分利用集群的威力实现高速运算和存储。

Hadoop 是互联网上最受欢迎的工具之一，它主要对搜索关键字进行内容分类。它通过并行执行机制使处理速度加快，从而大大提高了使用效率，可以解决很多对伸缩性要求极高的问题，而且能够对大量数据进行分布式处理。另外，通过维护多个工作数据副本，该技术能够重新对失败的节点进行分布处理，从而实现一种可靠、高效、可伸缩的数据处理。

（二）Hadoop 的开源框架

Hadoop 的目的是将应用程序细分在集群中任意节点上，这些节点都可以执行成百上千个工作负载，并分配给多个节点来执行。美国谷歌公司于 2004 年发表的一篇关于大规模数据分布处理的文章就是以它为理论基础，题为《MapReduce：大型集群中的简化数据处理》。Hadoop 其实就是将 MapReduce 通过开源方式进行实现的框架名称。作为大数据分析的一种完整开源框架，它的构成部分主要是分布式文件系统、并行处理框架和多种不同的组件，它支持数据获取、工作流协调、任务管理以及集群监控等功能。Hadoop 的大数据处理优势与传统方法相比，其能够更经济、高效地处理大型非结构化数据集。

Hadoop 实现了一个分布式文件系统。高容错性是 Hadoop 分布式文件系统的特点，并且适用于部署在低廉的硬件上。它适合那些有着超大数据集的应用程序。Hadoop 分布式文件系统放宽了 POSIX 的要求，可以更高效地访问文件系统中的数据。

Hadoop 还实现了 MapReduce 分布式计算模型。Hadoop 中的软件编程框架是 MapReduce，它是一个应用在大规模数据处理的分布式计算模型，能够让大数据集的处理工作更加简化，给编程人员定义和协调复杂的处理任务提供了一种通用方法。MapReduce 最初是由谷歌工程师设计的，他们把 MapReduce 定义为一种编程模型。这个模型可以表达很多现实世界中的任务，如图 3-1 所示。MapReduce 的工作原理是通过 Map（映射）任务把数据集分拆为独立数据块进行并行处理，之后让系统对 Map 任务输出结果进行排序，并提交至 Reduce（化简）任务。在 Apache Hadoop 分布式文件系统上存储着这些任务的输入和输出信息。这一系统处理和存储数据通常在相同的节点，这样能够更高效地在数据驻留的节点上完成协调任务，并在节点间实现更高的聚合带宽。MapReduce 通过安排任务、监视活动和重新执行失败的任务来简化应用编程人员的工作，具体处理流程如图 3-2 所示。

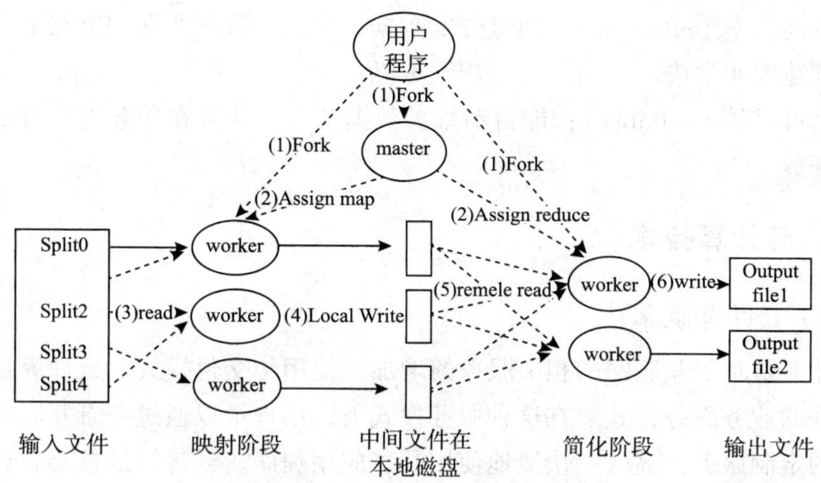

图 3-1　MapReduce 模型计算示意图

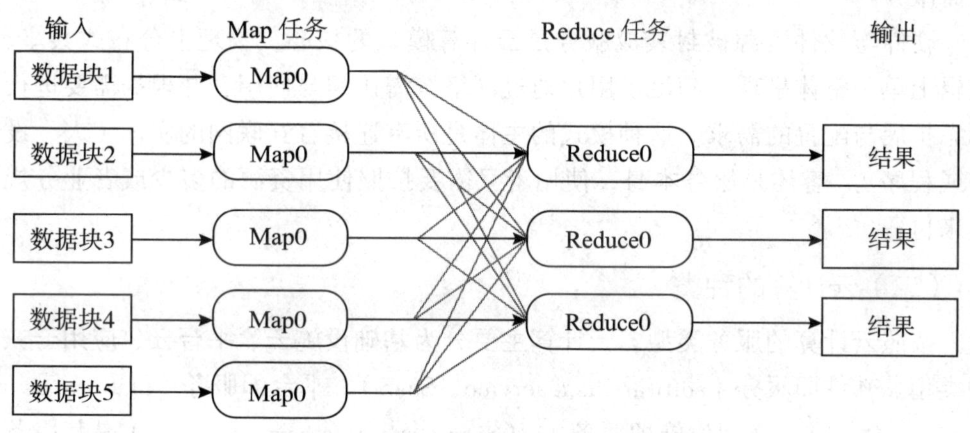

图 3-2　MapReduce 数据处理图

（三）Hadoop 的特点

采用简单算法来分析原来的非结构化、半结构化和结构化数据是 Hadoop 的特点，该方法能够探寻和分析出有意义的结果；与传统数据分析工具相比，该方法要更高效，为大数据分析建立了多项重要优势。

（1）扩容性（scalable）：能可靠地存储和处理千兆字节数据。

（2）成本低（economical）：可以通过普通机器组成的服务器群来分发及处理数据，这些服务器群可达数千个节点。

（3）高效率（efficient）：通过分发数据，可以在数据所在的节点上并行处理，处理速度非常快。

（4）可靠性（reliable）：能自动维护数据备份，并且在任务失败后重新部署计算任务。

二、云计算技术

（一）云计算概念

云计算是基于互联网的相关服务的增加、使用与交付模式。云计算是一种更加友好的业务服务模式。在这种服务模式下，用户可以通过登录互联网获得个性化的定制服务，高效、快捷地使用共享应用程序。云计算的核心思想是将大量用网络连接的计算资源统一管理和调度，构成一个计算资源池向用户提供按需服务。

硬件与软件资源被封装成服务是云计算模式的核心，物理上分布式共享、逻辑上单一整体呈现，满足了用户通过网络按需访问与使用，并根据需要进行动态扩展与配置的需求。这种模式的主体是所有连接着互联网的实体（人、设备或程序），客体是服务本身，使用者只需要按照使用资源的多少或者业务规模来付费。

（二）云计算的种类

按照云计算的服务类型，云计算主要分为基础设施云、平台云、应用云三种类型。软件即服务（software as a service，SaaS）、平台即服务（platform as a service，PaaS）、基础设施即服务（infrastructure as a service，IaaS）是其服务类型的三个层次。

1. 基础设施云

基础设施云主要为用户提供底层的操作硬件资源的服务接口。用户可以通过调用服务接口来直接获取各种存储资源与计算服务，并且不受限制。IaaS 的一个经典运用就是亚马逊弹性计算云（amazon elastic computer cloud，EC2），它可以将计算处理能力打包成资源提供给用户，并快速地初始化和回收虚拟服务器资源。

2. 平台云

平台云主要为用户提供统一的服务托管平台，只要服务应用的开发与部署是按照平台的规则进行约束的，都能够将它托管到云平台中，所涉及的动态资源调整等管理工作也完全由平台负责。Google App Engine 就是 PaaS 的典型运用，主要为 Web 应用提供运行环境。

3. 应用云

应用云能够为用户提供针对某一特定功能的、基于浏览器的个性化服务应用。应用云其实是一个开发完成的软件，只要进行一些定制开发就可以交付用户直接使用，但它的灵活性相对较低。SaaS 的典型运用是 Salesforce.com，其可以将专业的客户关系管理应用模块打包成解决方案提供给用户，以满足用户不断变化的业务需求。其实，正如我们所熟悉的软件架构范式，其自底向上依次分为“计算机硬件—操作系统—中间件—应用”，这种云计算的分类也暗含了相似的层次关系。不同类型的云其实就是云的不同层次提供的服务。

综上所述，可以将云计算进行如下服务类型划分，如表 3-1 所示。

表 3-1　按服务类型划分云计算

分类	服务类型	运用灵活性	运用的难易程度
基础设施云	接近原始的计算存储能力	高	难
平台云	应用的托管环境	中	中
应用云	特殊功能的应用	低	易

这三种云服务都向使用者提供了不同程度的共享，如基础设施云服务共享物理硬件，平台云服务允许租户共享同一个操作系统与应用框架，应用云服务一般共享整个软件栈等。这三种服务表现了对优化和灵活性方面的不同取舍，具体如图 3-3 所示。优化方面，充分考虑多租户与大规模的可伸缩性；灵活性方面，考虑融合各种不同的约束和自定义的功能。

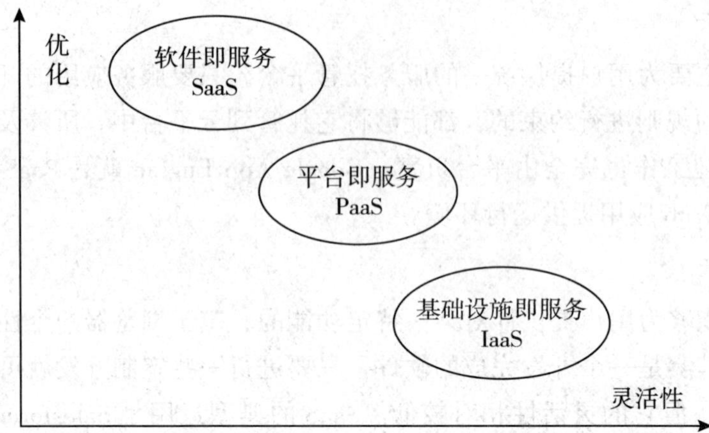

图 3-3　三种云服务对优化和灵活性方面的不同取舍

（三）云计算的特点

谷歌公司提出了云计算的 6 个特点；美国国家标准与技术研究院（National Institute of Standardsand Technology，NIST）提出了云计算的 9 个特征；国内学者刘鹏等人总结了云计算的 7 个特征。在综合了国内外学者研究的基础上，结合云计算的概念，本书主要从云数据、云性能、云客户端、云服务端 4 个方面对云计算的特点进行了详细的分析，具体如表 3-2 所示。

表 3-2　云计算的四维度特点分析

技术维度	特征分析与解释
云数据	数据在云端存储，任何终端设备通过接入互联网都可以同时访问数据文件，并与多人异地共享，真正实现随时随地进行数据访问；云数据既可靠又安全，不需要考虑因硬盘损坏或者计算机病毒入侵而导致存储数据的丢失
云性能	应用通用性好，不受特定应用的束缚，同一个云同时可以支撑多种应用的运行；具有海量存储空间、超强计算能力、超强可扩展性和性能优异的特点；支持千变万化的应用，潜力无限
云客户端	客户端设备门槛低，只要能够接入互联网就能使用，而不需要电脑硬件的特定升级与环境配置，不需要安装与升级应用软件，也不需要系统维护；终端设备接入形式多元化，智能手机、平板电脑、普通个人电脑等都可接入，使用方便，价格低廉

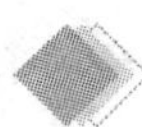

续表 3-2

技术维度	特征分析与解释
云服务端	可利用普通的PC组云，构建一个超大的服务器集群；所有的应用扩展、迁移、备份集成于虚拟资源池；按需部署，动态提供个性化的服务；通过实时动态扩展服务器集群，提升云计算的服务能力

（四）云计算助力大数据分析

云计算作为IT服务的交付模式，能够增强业务灵活性、提升生产力、提高效率、降低成本，已经成为支持大数据项目的基础架构，也将推动大数据分析的发展。大数据分析需要服务器集群支持多种工具，以此来处理大容量、高速度、多样性的大数据，而云已经将其所需内容部署在服务器池、存储器和互联网资源上，并能够根据需要伸缩，为支持大数据技术和高级分析应用奠定了基础。

云交付模式具有超强的灵活性，能够根据每一位用户的需求来评估最佳的实践方案，既支持内部私有云环境，可选择添加大数据分析内部服务，又可以使用服务提供商的云服务，或创建混合云来保护存储在私有云中的敏感数据，并利用公用云中的重要外部数据资源和应用程序。

云计算助力大数据分析主要表现在以下几个方面。

1. 云技术支持海量数据的存储

进入信息化时代之后，数据量不断增长，TiB、PiB级别的数据量已经司空见惯，这么大的数据量已经超出了单台小型服务器的处理上限，企业维护如此海量数据的成本也呈指数级上升。企业应付数据量激增的传统的做法是采购大量的硬件设备，招聘更多的专业技术人员，搭建网络系统以支持数据的存储和处理，这不仅会耗费企业巨大的财力、人力和时间，还会增加系统维护的成本，在短期内给企业造成很大的经济负担。云计算天生具备大数据的存储能力，或者说云计算就是为了处理大数据而诞生的。当数据量激增时，企业使用云计算的弹性扩展服务，可以按需扩展系统的数据存储能力。

2. 云计算支持对海量数据的快速读取和处理

存储数据的目的是提取数据，并且不是所有的数据都能直接用于数据分析，因此在分析数据以获得有商业价值的分析结果之前，必须对数据做适当处理。当数据量达到PB级别时，传统的数据读取技术不仅非常耗费时间，也非常耗费系统的内存、计算和网络资源。在面对海量数据时，如果提取、处理和利用数据的成本超过了数据价值本身，那么有价值也相当于没价值。云计算拥有强大的数据处理能力，其分布式的、可扩展的设计能够应对海量数据的处理任务，如异常数据的处理、离群点的分析、数据质量的分析等。对于企业而言，云计算可以提供按需扩展系统的计算力和内存资源的服务，以低廉的价格实现大数据的提取和处理，为分析海量数据提供了可能性。

三、人工智能

在人工智能领域，经过长期的研究，已经积累了很多研究方法和应用技术，如自然语言语义分析、信息提取、知识表现、自动化推理、机器学习等。目前，这些技术正在逐步应用于大数据技术的前沿领域，能够最大限度地挖掘大数据蕴含的价值，并为人们决策提供支撑。

（一）人工智能概述

人工智能作为一门交叉学科，涉及计算机科学、生理学、心理学、哲学和语言学等多个领域，是一门研究运用计算机模拟和延伸人脑功能的综合性科学。它主要通过运用计算机来模拟人脑的感知、推理、学习、思考、规划等人类智能活动，以解决那些需要运用人类智力才能解决的问题，延伸人类智能。其研究的内容主要包括知识表示、自动推理和搜索方法、机器学习和知识获取、知识处理系统、自然语言理解、计算机视觉、智能机器人、自动程序设计等。

知识表示是人工智能的基本问题之一，推理和搜索都与表示方法关系密切。常用的知识表示方法有逻辑表示法、产生式表示法、语义网络表示法和框架表示法。

问题求解中的自动推理是知识的使用过程。由于有多种知识表示方法，相应地就有了多种推理方法。推理过程一般可分为演绎推理和非演绎推理。演绎推理的基础是谓词逻辑，而结构化表示的继承性推理则是非演绎性的。由于知识处理的需要，近几年来提出了多种非演绎推理方法，如连接机制推理、类比推理、基于示例的推理和受限推理等。

人工智能的一种问题求解方法是搜索。搜索策略决定着推理步骤中知识被使用的优先关系，可分为无信息导引的盲目搜索和用经验知识导引的启发式搜

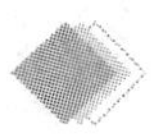

索。通常用启发式函数来表示启发式知识，启发式知识利用得越充分，求解问题的搜索空间就会越小。

人工智能的重要课题是机器学习。机器学习是研究如何使用机器来模拟人类学习活动的一门学科。从人工智能的角度来讲，机器学习是根据生理学、认知科学等对人类学习机理的了解，建立人类学习过程的计算模型或认知模型，发展各种学习理论和学习方法，研究通用的学习算法并进行理论上的分析，建立面向任务的、具有特定应用的学习系统。

知识库和推理机组成了知识处理系统。当知识库存储系统所需要的知识量较大，且同时有多种表示方法时，知识的合理组织与管理是重要的。推理机在问题求解时，对使用的知识的基本方法和策略做出了具体的规定。在推理过程中，为了方便记录结果或通信，需建数据库或采用黑板机制。如果在知识库中存储的是某一领域（如医疗诊断）的专家知识，那么这样的知识系统就被称为专家系统。为了适应复杂问题的求解需要，单一的专家系统需要向多主体的、分布式的人工智能系统发展，这时研究问题的关键就是知识共享、主体间的协作、矛盾的出现与处理。

（二）人工智能促进教育变革

人工智能的应用虽然不能改变教育过程的实质，但可以改变教育过程的组织序列，拓展解决教育教学问题的思路，改善教学效果，实现教育模式的重大创新。人工智能广泛地应用在教育领域，促进了教育的变革与创新，它不仅可以多媒体化、网络化地呈现教学内容，智能化、决策化地进行教学策略指导，还可以进行情境化、过程性的教学评价。

1. 教学过程个性化、交互性

智能代理和智能教学系统为实现教学过程的个性化、交互性奠定了技术基础。从技术角度来看，智能代理是各种技术支撑着的、有许多实用的应用特性的集合，利用这些特性来扩展应用的功能，能够达到自动执行用户委托任务的目的。学生可以使用智能代理技术来进行搜索、导引、查询有效知识。由于它具备学习功能，能够主动、高效地从网络信息空间中发现和收集用户所需信息，从而解决使用单一关键字匹配查询时搜索引擎引起的大量无关信息的涌现、信息检索的精确度较低等问题，让教师和学生在教与学的过程中，提高知识提取效率，加强交互学习和自主能动学习。智能教学系统的运用能够根据不同的学习者模型和学习请求，智能地选择最佳教学策略和教学素材来进行教学，以较好地实现个性化教学。

2. 教学内容多媒体化、网络化

当前，多媒体技术、超媒体技术已被迅速应用到教育中。多媒体、超媒体信息载体具有多样性、交互性、集成性、非线性等特点，有利于改变教学的模式、内容、手段、方法。多媒体、超媒体能提供理想的、视听资源合一的多模式综合教学环境。同时，通过互联网开展的合作学习模式能够引起人们的极大关注，并成为多学科交叉发展的一个新领域。人工智能已经与多媒体技术、网络技术、数据库技术等有效融合，为提高学习效率提供了有力的技术支持，并引起了教育技术界的广泛关注。

3. 教学策略智能化、决策科学化

专家系统的开发和应用为教育教学的智能化、决策科学化提供了有力的技术支撑。专家系统是一个具有大量专门知识与经验的程序系统，它能够使用人工智能技术，并且根据某个领域的一个或多个专家提供的知识和经验进行推理与判断，以此来解决那些需要专家解决的复杂问题。专家系统主要由知识库、综合数据库、推理机、解释器和接口五部分组成。教学专家系统的主要功能是根据对学生知识水平、性格特点等方面的分析，设计出最适合的教案并且选择不同的教学方法对具有不同特征的学生进行相应的教学和辅导。

4. 教学评价的情境化、过程化

针对传统仿真模型和建模方法的局限性，将人工智能与仿真技术进行结合，可以衍生出智能仿真技术。在日常教学的实验环节和智能仿真技术的实验系统中，这项技术可以很好地对实验数据进行预处理，生成实验模型，选择有效的实验方法并对实验结果进行分析，从而构建真实的实验情景。人工智能与人工神经网络的结合主要是指人工智能中的专家系统和人工神经网络相结合，可以大大提高整个专家系统的智能化水平，使其更好地应对纷繁复杂的现实问题，并提出解决方案。教育专家系统与人工神经网络的结合可应用于教育评价过程，提高过程性评价的有效性。

四、数据仓库

谈到大数据，我们一定会想到数据管理。在数据管理方面，容易联想到的

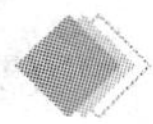

是 Hadoop 和 MapReduce 等新兴技术，但是这些新兴技术并不能解决所有的数据管理问题。数据仓库作为一种传统的数据管理技术，在大数据时代依然保持着活力。数据仓库和大数据的结合就是通过技术手段来解决业务问题。

（一）基本概念

数据仓库之父比尔·恩门（Bill Inmon）在 1991 年出版的《建立数据仓库》一书中所提出的定义被广泛接受，他把数据仓库定义为一个面向主题的（subject oriented）、集成的（integrate）、相对稳定的（nonvolatile）、反映历史变化的（time variant）数据集合，用来支持管理决策。数据仓库是一个过程而不是一个项目，是一种环境而不是一件产品。数据仓库为用户提供决策支持的当前和历史数据在传统的操作型数据库中很难甚至无法得到。数据仓库技术是把操作数据集成到统一的环境中以提供决策型数据访问的各种技术和模块的总称。它的目的是使用户更快、更方便地查询所需信息，并向用户提供决策支持的服务。

（二）数据仓库的组成

1. 数据库

整个数据仓库的核心是数据库，这是数据存放的地方，提供对数据检索的支持。与操作型数据库相比，数据仓库的突出特点是对海量数据和快速检索技术的支持。数据仓库能够借助 NoSQL 数据库支持结构化、非结构化和半结构化数据，有效实现对关系数据库管理系统（RDBMS）相关功能的补充，为教育大数据的数据挖掘和学习分析提供技术支持与实时数据分析，这也将是未来的发展趋势。

NoSQL 数据库具有数据结构简单、不需要结构定义、不对数据一致性进行严格保证、通过横向扩展实现可扩展性等特点，这就非常适合以非结构化数据为中心的大数据处理，能够实现对社交媒体、传感器网络等产生的图片、视频、网页等各种非结构化和半结构化教育信息的存储、共享与管理，进而实现对教育信息的实时分析。

2. 数据抽取工具

数据抽取工具的功能是把数据从各种各样的存储方式中抽取出来，进行必要的转化、整理，再存放到数据仓库中。判断数据抽取工具优劣最关键的步骤是对各种不同数据存储方式的访问能力进行比较。无论这种工具的优劣如何，它都能够为了访问不同的数据而生成UNIX脚本、作业控制语言（JCL）、COBOL程序和SQL语句等。数据转换包括很多方式，如把不同的数据定义方式统一、转换统一的数据名称和定义、删除对决策应用没有意义的数据段、计算统计和衍生数据、补上缺省值等。

3. 元数据

用于开发和日常管理数据仓库时使用的数据称作元数据。元数据是数据仓库运行和维护的中心，其为访问数据仓库提供了一个全面描述数据仓库中的数据类型及其获取途径、访问途径的目录。依据这一特性，可以将元数据分为技术元数据和商业元数据两类。其中，商业元数据从商业的角度描述了数据仓库中的数据，包括业务主题描述所包含的报表、数据、查询等。

4. 访问工具

访问工具包含数据挖掘工具、数据查询和报表工具、联机分析处理工具、管理信息系统工具、应用开发工具等。它是用户访问数据仓库的一种十分普遍的手段。

第二节　教育大数据的基本框架分析

一般来说，大数据的处理流程包括数据采集、数据处理、数据分析和应用服务4个环节。下面主要结合教育的特点，根据此处理流程研究教育大数据的技术框架。

一、教育大数据处理过程

教育大数据从数据源经过分析挖掘到最终获得价值一般需要经过3个主要环节——教育数据采集、教育数据处理、教育数据分析与展现，且每个环节都面临不同程度的技术上的挑战。

（一）教育数据采集环节

做好从原始数据到高质量信息的预处理，在数据的源头把好质量关，可以保证大数据的可用性。教育大数据不同于传统数据，它的来源更加多样化，包括业务应用内部数据库、互联网数据和物联网数据，这些数据不仅数量庞大、

格式不一，在质量上也良莠不齐，这就要求数据采集环节规范格式，进行初步的预处理。具体的关键技术包括数据演化的溯源管理、数据清洗和自动修复方法、数据源的选择和高质量原始数据的采集方法、多源数据的实体识别和解析方法等技术。

（二）教育数据处理环节

教育大数据存储系统更需要适应多样化的非结构化数据管理需求，具备数据格式上的可扩展性，而不仅仅只是以极低的成本来存储海量数据。在数据的处理方面，通常包含数据存储和数据整合两个方面。数据存储主要用来存放各种结构化、半结构化和非结构化的预测数据、历史数据、主数据、汇总数据及需要共享的数据等，是对所有数据的集中存放。数据整合是指对收集的数据进行加工处理，尽可能保留原有词语的语义并进一步去粗取精、消除噪声，从而保证数据的一致性。

大数据处理技术具有多样性和复杂性两个特点，它能够根据处理的数据类型，采用最合适的算法模型来快速处理数据。虽然在一些特定场景下，计算机的实时性还需要大幅提升，但不可否认的是，随着时代的发展，分布式计算已逐渐成为大数据的主流。最近几年，学术界和产业界不断研究并推出新的计算模式和系统工具平台，如内存计算将成为高实时性大数据处理的重要技术手段；主流的 Hadoop 平台改进后将与其他计算模式和平台共存；混合计算模式将成为满足多样性大数据处理和应用需求的有效手段。

（三）教育数据分析与展现环节

教育大数据价值挖掘的关键在于，数据分析可以使我们从纷繁复杂的教育数据中发现规律并进一步提取新的知识，建立统一的算法模型和技术路线，并将高维数据分析作为大数据技术的核心，从传统二维的、片面的分析方式转变为大数据立体的、全息的分析方法。传统教育数据挖掘更侧重根据先验知识预先建立模型，对象多是结构化、单一对象的小数据集，然后依据既定的模型来对其进行分析。但这种方法对于非结构化、多源异构的教育大数据不太适用，我们往往会因为缺乏先验知识，而很难建立显式的数学模型。这就需要我们去发展更加智能的数据挖掘技术，以直观的方式将分析结果呈现给用户，并服务于决策支撑是教育大数据分析的重要环节。如何让复杂的分析结果能够易于理解是需要解决的重要技术问题。

二、教育大数据技术体系框架

依据大数据处理的一般流程，同时结合教育行业特点，构建的教育大数据技术体系框架如图 3-4 所示。

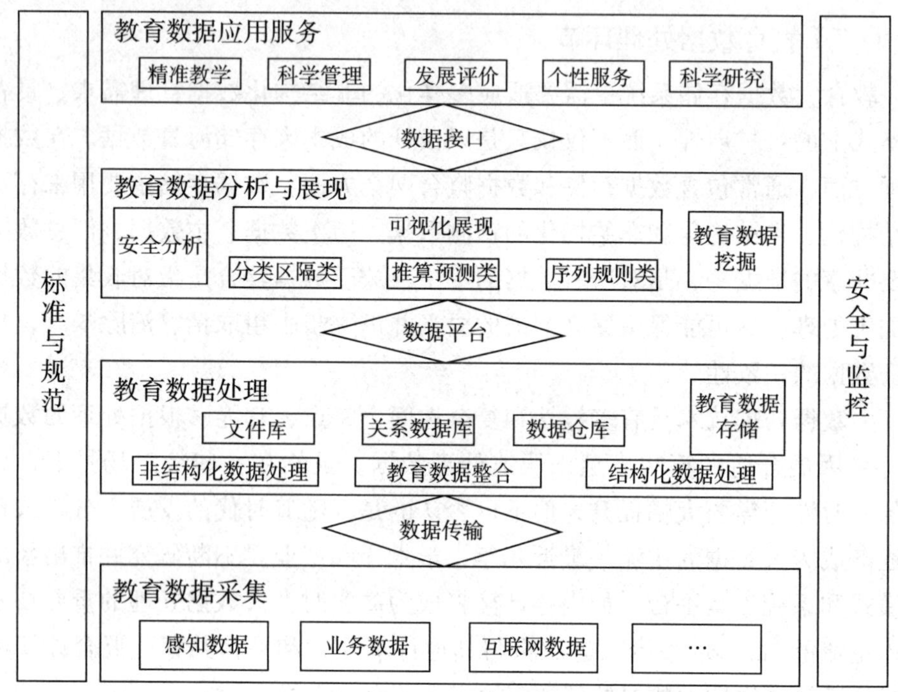

图 3-4　教育大数据技术体系框架

三、教育大数据关键技术

教育大数据包括学习分析、教育数据的分布式存储、教育数据的安全管理、教育数据的深度挖掘、教育数据的无缝流转与大规模共享、教育数据的自然采集等在内的一系列关键技术。考虑到采集、存储、安全等技术的通用性，所以在这里我们仅介绍教育领域大数据处理的三项重点技术，即教育数据挖掘、学习分析技术和数据可视化技术。

（一）教育数据挖掘

教育数据挖掘主要是指通过各种技术将教育系统的数据挖掘出来。这是一个新兴的研究领域，也是一个将来自各种教育系统的原始数据转换为可为教

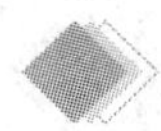

师、学生、家长、教育研究人员以及教育软件系统开发人员所利用的有用信息的过程。通过教育数据挖掘可向学习者推荐个性化的学习活动、学习资源、学习路径和学习任务；帮助管理者进行更科学的管理决策；辅助教师更好地调整和改进教学策略，完善课程设计与开发，重构教学计划。教育数据挖掘的过程与数据挖掘的过程基本一致，它主要包括模式解释、数据预处理、数据准备、数据挖掘4个关键步骤。

常见的教育数据挖掘工具有很多，大致可以分成通用类、网络分析类、内容分析类、行为分析类和综合平台类，如表3-3所示。

表3-3　教育数据挖掘与分析常用的工具

工具类别	工具名称	工具简介
通用类	SSAS	为应用程序提供联机分析处理和数据挖掘功能
	WEKA	支持数据预处理、收集、分类、回归分析、可视化和特征选取
	SPSS	一个组合式软件包，它集数据录入、整理、分析功能于一身
	Rapid Miner	提供数据挖掘、数据预处理、可视化、预测分析和统计建模、评估和部署等功能
网络分析类	UCINET	社会网络数据和其他相似性数据的综合性分析程序
	Net Miner	以可视化和交互的方式探查网络数据，以找出网络潜在的模式和结构
	Pajek	一个特别为处理大数据集而设计的网络分析和可视化程序
	Multi Net	用于分析大型和稀疏网络数据
	StOCNET	适用于社会网络的高级统计分析
	Visone	用于研究和教学的软件，支持交互式图形用户界面，社会网络数据的标准格式的导入/导出
	SNAPP	可从学习管理系统的论坛中提取数据
	Gephi	可实现实时动态分析、时段动态分析、无标度网络分析、分层显示等交互可视化与数据探测
	GUESS	直观地对图形结构进行操作，能将输入的文本与可视化对象进行关联分析
	JUNG	可实现数据的可视化呈现
	NodeXL	直接从多种社交网站或邮件中导入网络关系进行分析
	Cohere	能将同一主题下的用户及相互关系以社会网络关系图可视化展示并进行分析
	Tanagra	数据的统计分析，提供了众多的有参和无参检验方法

续表 3-3

工具类别	工具名称	工具简介
内容分析类	VINCA	个性化和可视化的服务组合软件
	CgoBi	提供高度动态和交互式图形
	Orange	基于组件的数据挖掘和机器学习软件套装，提供了数据账目、过渡、建模、模式评估和勘探的功能
	NLTK	对自然语言进行词频分析、分词处理、词性标注、句法分析
	Excel	用于基本的数据统计处理
	CATPAC	词频统计、自学习式语义分析，可自动聚类、编码、多维度标记
	LIWC	支持中英文在内的多种语言，用于文本分析
	ICTCLAS	汉语词法分析系统，用于中文分词、词性标注、命名实体识别等
	W Matrix	对文本进行语义分析、频次分析
	N Vivo	支持定性研究方法，可以收集、整理和分析访谈、讨论、问卷调查、音频等内容
	ATLAS.ti	对大容量文本、图像、音频和视频数据进行定性分析
	Wordle	自动统计源文本中词汇出现的频次，并将频次统计结果可视化
	LOCO-Analyst	分析学生的学习轨迹、平台资源使用情况、学习活动、参与课程、在线学习社区中学生之间的互动
	Open Mentor	对学习反馈信息的质量进行分析、可视化和比较
行为分析类	Enquiry Blogger	收集学生数据并以蛛网形式展现学习者学习能力的 7 个维度水平
	GSEQ	分析各种在线行为的序列模式
	ELLIment	记录教师的所有指导意见及学习者的反思
	Google Analytics	了解学习者访问各学习页面的频率、停留时间、平台内的移动轨迹、用户参与度等
	Mixpanel	实时监测学习者访问行为，记录、分析学习者的特征
	Mzinga	可用来确定学习者在网络学习中的参与程度

续表 3-3

工具类别	工具名称	工具简介
综合平台类	Mine Set	集成多种数据挖掘算法和可视化工具，帮助用户直观地、实时地发掘、理解大数据背后的知识
	DBminer	把关系数据库和数据开采集成在一起，以面向属性的多级概念为基础发现各种知识
	Py Mining	根据源数据使用多种算法得到结果的一个平台
	KNIME	一个开源的数据分析、报告和综合平台
	Socrato	在线学习评估平台，记录、跟踪学习者个体、团体学习轨迹

（二）学习分析技术

2013 年“地平线报告”提及学习分析（leaming analytics）一词，此后这一词语迅速被教育行业所重视。学习分析是指通过对数据背后隐藏的信息加以理解并进行有效的再利用，从而追求最大化的教育效益。学习分析与教育数据挖掘密切相关，是大数据在教育领域应用的关键技术之一。

因为学习分析和教育数据挖掘密切相关，所以对它们所应用的分析方法也比较类似。目前，学习分析领域常用的分析方法包括话语分析法、网络分析法和内容分析法。学习分析与教育数据挖掘的比较如表 3-4 所示。

表 3-4 学习分析与教育数据挖掘的比较

比较维度	学习分析	教育数据挖掘
历史来源	学术分析、行为分析、预测分析	计算、心理学方法和其他研究方法
学科来源	信息科学、社会学、心理学、统计学、机器学习、数据挖掘	统计学、机器学习、数据挖掘
数据来源	教育管理和服务、教与学	教与学
目的	创建直接影响教育实践的应用	检测学习理论、报告教育实践
技术方法	预测、集群、关系挖掘、精化人类判断、用模型发现、社会网络分析、社会关注元数据	预测、集群、关系挖掘、精化人类判断、用模型发现

构建能满足学习跟踪、评价及改进需求的行为分析模型和数据挖掘算法是学习分析的核心问题。同时，该技术可以在两个不同的层面为教育发展提供策

略方面的支持。在宏观层面，它具有促使现有学术体制、教育模式和教育系统进行再次创新的潜力；在微观层面，它有助于我们识别学习者的处境，同时让学习者了解自己的学习习惯并从中获得改进建议。

（三）数据可视化技术

数据可视化技术指的是将数据转换为图形或图像，运用计算机图形学和图像处理技术，让其在屏幕上显示出来，并进行交互处理的一种技术。它融合了可视化技术、统计和数据挖掘，使我们每个人都能够理解复杂的概念与关系。目前，可视化交互基本组件分析技术已经被广泛运用于寻找多维数据集中的规律和数据之间的联系，而不像以前只能由统计学家使用。一般而言，数据可视化技术主要用来协助发现动态数据集中的规律、趋势和联系，使分析者可以更容易理解各类数据。例如，在学习平台中，我们可以通过对资源与资源、用户与资源及用户与用户之间 3 种关系的计算分析，生成可视化的社会认知网络，这既能方便与相关领域专家、知识贡献者建立联系，又能帮助学习者快速掌握整个知识体系。

数据可视化技术在推动教育大数据落地应用方面发挥着重要作用。随着各种可视化技术和工具的不断涌现，教育数据挖掘、学习分析的结果将更加直观地呈现在我们面前。除数据挖掘工具自带的可视化组件外，当前还有一些专门的可视化工具，如数据分析和绘制图表的手机应用 Plotly、可开发出三维效果的 Dimple、元数据的可视化工具 Mirador 以及可以对数据进行交互式可视化处理的 Gephi 等。

第三节　教育大数据的应用模式与有效性探究

实现数据“资产”增值的唯一途径是教育大数据的充分挖掘与应用。从某种程度上说，未来的国际教育竞争将是教育大舞台上的对抗。根据教育大数据实现技术与教育大数据技术框架，从不同层面论述大数据在教育中的应用模式。

一、教育大数据驱动国家教育政策科学化

未来，教育政策的制定将更加依靠数据。从某种程度来讲，在国家教育决

策的制定方面，数据一直都起着关键性作用，而大数据时代的到来将使数据的收集和分析更加准确、方便、快捷、全面。

美国是最先确定教育数据的战略地位并制定相关保障法案的国家。美国政府早就明确指出，教育改革与决策必须依靠真实的数据。决策的科学化将使教育质量和教育公平性大幅提升，使教育整体成本呈下降趋势。目前，为持续性地记录每个学生的发展情况，我国积极推行学生“终身一人一号”电子学籍管理办法。如果能够由此建立全国联网的学生成长档案库，辅以家庭、教师、学校的多样化数据，这将为学生择校政策、学生就业政策、全国高考招生与录取政策、资源分配政策等当前众多教育政策的改进提供最宝贵的数据支持。

传统教育数据仅能通过简单的统计来反映国家教育发展在某个时间段的局部状况，它的采集渠道和数量非常有限，这就导致数据的预测价值难以发挥，无法为国家教育政策的制定提供科学支撑。大数据技术具有途径多元化、数据海量化的优势，有助于构建更加系统化的教育发展模型，并且能够发现多种教育数据之间以及与其他社会行业数据之间的内在联系，进而完善国家教育政策。此外，基于数据的教育决策能在一定程度上增强广大民众对教育政策的理解和支持。

二、教育大数据驱动区域教育均衡发展

区域教育均衡发展是我国教育事业面临的重大现实问题。应用大数据技术可以准确把握区域教育发展动态和影响其均衡发展的关键因素，从教育环境均衡、教育资源均衡、教育机会均衡、教育质量均衡等方面全面推进区域教育的均衡发展。不同区域有不同的教育现状，在大数据背景下不仅可以缩小区域间的教育差距，还有助于不同区域根据自身环境条件、经济状况以及发展需要形成各具特色的区域教育发展路径。

大数据可以帮助教育部门的负责人和决策者了解资金政策的影响。目前，一些国际组织已经开始将大数据技术应用到教育资源的分配上。各国政府在投资教育时，更加注重教师的数量与质量，确保把最好的教师配备给最需要的学生。

学生的入学、转学、休学、退学等教育管理数据可以实现全面、实时的采集、监控、更新与分析处理，这得益于统一学籍信息管理制度为我国教育大数据的采集、管理与应用提供了重要保障。教育管理数据提供针对性的教育支持

服务，还可以与家庭收入、户籍、医疗、保险、交通等数据进行关联分析，有助于及早发现与预测需要进行教育帮助和干预的学生，进而保障每一位学生拥有平等接受优质教育的机会。通过建立连续的、制度化的区域教育发展数据采集机制，可以全面跟踪了解所有学生的在校学习情况以及毕业后的工作情况，进而更加客观地评价区域教育质量，并根据评估结果动态调整区域教育体系，如培养方式的调整、专业调整、课程计划调整，以实现教育与社会需求之间的无缝对接，帮助每一位学生获得成功。

三、教育大数据驱动学校教育质量提升

随着各种智慧教学与管理平台的不断涌现，大数据对学校教育的变革作用将不断凸显。大数据在提升学校管理质量、教学质量以及完善教育评价手段上具有独特的优势。

数字校园的建设将会大大促进学校管理的数字化和网络化，而资产管理系统、科研管理系统、教务管理系统、办公自动化系统等各种应用系统将为教育管理数据的实时采集和深度挖掘提供更为便利的条件。目前，国内已有一些高校率先开展了基于大数据的教育管理服务。浙江大学对学校的设备资产数据进行了系统采集与整理，提供了便捷的查询与分析服务，提升了实验室、教室、仪器、设备等资源的利用率和管理效率。江南大学通过物联网技术对学校的用水、用电等数据进行了全面监控和优化处理，实现了节能环保。华东师范大学利用学生的餐饮消费数据，为经济困难学生提供了情感抚慰和助学金支持。

大数据能够全面记录学习者的成长过程，并进行科学分析，让学习者更了解自己。通过应用大数据技术对海量教学数据的分析与预测，除了可以提高学校管理服务的质量，还可将改变传统的教学模式，实现高质量、个性化的教学，帮助教师预测学生成绩，并为学习者提供科学的学习建议。

美国一些学区开始与大数据公司合作，应用大数据工具辅助教师招聘。利用大数据对应聘者的个人信息进行分析和预测，从而将更有可能成功和更适合的教师招聘进来。通过对教师的学位和专长以及信仰、人生观、态度、经验开放性等因素的分析，结合面试结果，综合决定教师是否被聘用。

大数据技术在学校科学研究活动中也大有用武之地。一方面，教育数据可以作为教育研究的数据源，通过深度数据挖掘，透过教育问题的表象发现本质，产出高质量的实证研究成果；另一方面，海量、多维数据的分析能够发挥

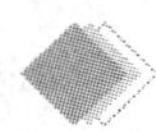

“科研指南针”的作用，有助于研究者准确把握研究领域的前沿议题和走向。除此之外，大数据技术还能为学生的学业成就评价提供全面的数据支持。学生的所有学习过程与结果数据都将存储到学习档案袋，而教师的所有教学过程与结果数据也都将存储到教学档案袋。基于档案袋数据可以建立科学的发展模型，定期评估学生和教师的发展情况，并提供相应的发展建议。

四、教育大数据驱动课程体系与教学效果的最优化

我国各级教育部门、各类学校已经通过学籍管理系统、教务管理系统、学位管理系统等，积累了大量的学生入学、毕业和课程设置等基本处于“休眠”状态的数据。只要对学校历届学生的课程成绩、授课方法、就业情况等数据进行关联分析，就可以找出影响课程成绩及就业的关键因素，进而为学校课程的调整和教学方法的优化提供可靠依据。

当前，国家正在积极推动部分高校向应用型大学转型，在转型过程中的一个核心问题便是开设什么专业、如何设置课程体系，以顺应社会发展对高等教育提出的挑战。此时，便需要通过有效整合专业、行业、区域经济与社会发展等数据，进行全面的数据采集和深入分析，准确把握市场对人才的需求，明确各应用型专业人才培养的目标，构建能力素质模型，配套适合的课程体系。

通过智能化的网络教学平台，教师可以提前准确判断学生的兴趣点、知识基础、学习偏好、学习难点等，从而进行有针对性的教学。通过大数据技术还可以持续跟踪教师授课过程，了解采用何种方法可以达成最优化的教学效果，分析教师的教学特征及其优势，判断教师适合承担哪些课程的教学任务。基于学生的在线学习数据可以构建多种预测模型，及时干预有退学风险的学生，预测学生可能存在的学习困难。

美国普渡大学的“课程信号”项目研发了课程学习预警平台，采集大量学生课程学习的过程性数据，根据预测结果，教师可以给予针对性的帮助、指导和反馈。通过一套预测算法分析学生课程学习成功的概率，显著提高了课程学习的成功率。通过分析学生在课程资源上的单击、浏览、翻页、收藏、评价等操作轨迹，可以客观评价课程资源的受关注度、资源界面设计的合理性等，从而完善课程资源的结构与内容，实现大批优质课程资源的生成与完善。

第四章　教育信息化中数据处理研究

第一节　教育信息化数据采集

一、信息采集

采集的L校的教育信息化系统中的数据包括以下几种。

（1）教职工及学生的基本信息。

（2）日常教学及管理中产生的数据，如成绩、奖惩记录、综合素质评价等。

（3）其他类型数据：①数字化资源，如慕课视频、讲义、课件、试卷等；②文件和表格；③其他相关资源。结构化数据由于已通过人工录入或批量转存等方式导入数据库中，不需要做太大变动，只需对异常或缺失数据做相应处理即可；非结构化数据由于格式和类型众多，很难做简单的分类和标记，需要通过数字标签的形式对其做属性标记，以方便后期资源管理和个性化学习资源的推送。

二、数据类型

（1）结构化数据。数据库中存储的同字段或同类型数据都可表示为下列向量形式：

$$\boldsymbol{X}=\left(X_1,X_2,\cdots,X_p\right) \tag{4-1}$$

结构化数据主要包括字符串、定类变量、定序变量、定距变量和定比变量等。对于其中的量化数据可能因量纲不同，在后期数据处理中需做标准化处理。例如：

$$X=\begin{pmatrix} x_{11} & x_{12} & \cdots & x_{1p} \\ x_{21} & x_{22} & \cdots & x_{2p} \\ \vdots & \vdots & & \vdots \\ x_{n1} & x_{n2} & \cdots & x_{np} \end{pmatrix} \tag{4-2}$$

做标准化变换后，变为

$$X^*=\begin{pmatrix} x_{11}^* & x_{12}^* & \cdots & x_{1p}^* \\ x_{21}^* & x_{22}^* & \cdots & x_{2p}^* \\ \vdots & \vdots & & \vdots \\ x_{n1}^* & x_{n2}^* & \cdots & x_{np}^* \end{pmatrix} \tag{4-3}$$

式中，$x_{np}^*=\dfrac{x_{np}-\overline{x}_p}{\sqrt{s_{np}}}, n=1,2,\cdots,n; p=1,2,\cdots,p$。

也可做极差归一化变换，变为

$$X^R=\begin{pmatrix} x_{11}^R & x_{12}^R & \cdots & x_{1p}^R \\ x_{21}^R & x_{22}^R & \cdots & x_{2p}^R \\ \vdots & \vdots & & \vdots \\ x_{n1}^R & x_{n2}^R & \cdots & x_{np}^R \end{pmatrix} \tag{4-4}$$

式中，$x_{np}^R=\dfrac{x_{np}-\min_{1\leqslant k\leqslant n} x_{kp}}{\max_{1\leqslant k\leqslant n} x_{kp}-\min_{1\leqslant k\leqslant n} x_{kp}}, n=1,2,\cdots,n; p=1,2,\cdots,p$。

（2）非结构化数据。对于非结构化数据，如数字资源，可以在数据库中建立对应的数字标签存储，如表 4–1 所示。

表 4–1　非结构化数据标签示例

字段	ID	Type	Style	Part	Version	Title
示例	ID：32221	Type：mp4	Style：Media	Part：1–2–1	Ver：S–RJAX–2–2	Title：几个常用…
备注	资源编号	资源格式	资源类型	章节节点	教材版本	标题
字段	Abstract	Author	Category	Level	Rank	…
示例	Abst：	Author：	Cat：m	Level：I	Rank：5	…
备注	摘要	作者	资源分类	难度等级	评分	其他

三、数据存储方案

结构化数据直接存储到指定数据库中，非结构化数据存储在磁盘中，并映射到数据库中的树状分类表和资源标签表中，如图 4–1 和图 4–2 所示。

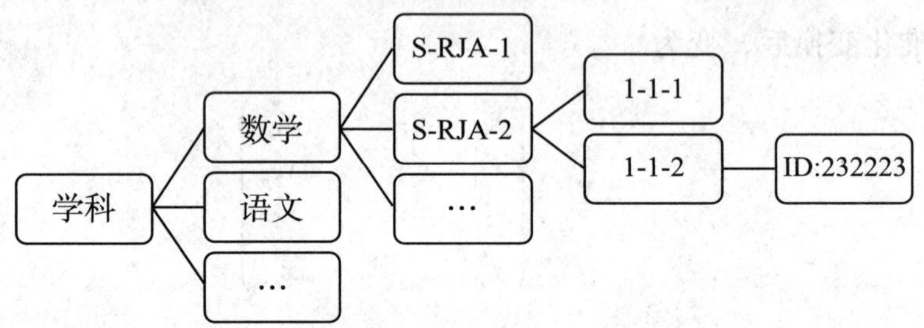

图 4–1 资源存储树状结构

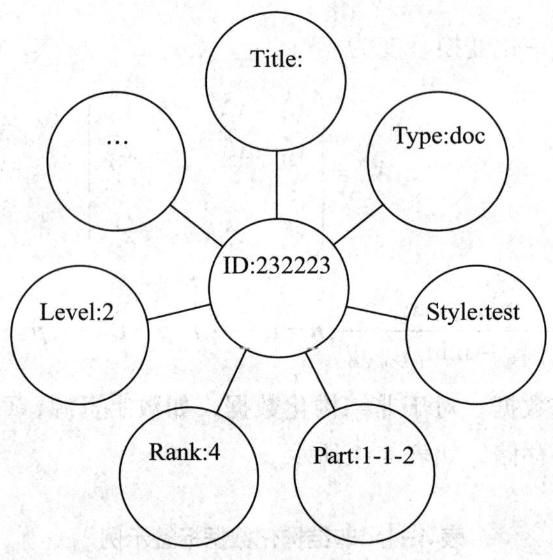

图 4–2 资源标签结构

第二节　教育信息化数据分析

一、描述性统计量

为了对年级或班级学生做总体和个体分析，反映其学习能力水平，可使用描述性统计计量，包括均值、标准差、最大值、最小值、极差、中位数、众数、变异系数、偏度和峰度。其定义分别如下。

（1）均值：$\bar{x}=\frac{1}{n}\sum_{i=1}^{n}x_i$。

（2）标准差：$s=\sqrt{\frac{1}{n-1}\sum_{i=1}^{n}\left(x_i-\bar{x}\right)^2}$。

（3）最大值：$x_{\max}$，即样本观测值中最大数值。

（4）最小值：$x_{\min}$，即样本观测值中最小数值。

（5）极差：$R=x_{\max}-x_{\min}$。

（6）中位数：M_e，即将样本观测值从小到大依次排列，位于中间的观测值（奇数个样本）或中间两位观测值的平均数（偶数个样本）。

（7）众数：M_o，即样本观测值中出现次数最多的数值。

（8）变异系数：$v=\frac{s}{\bar{x}}$。

（9）偏度：$\mathrm{SK}=\frac{n\sum_{i=1}^{n}\left(x_i-\bar{x}\right)^3}{(n-1)(n-2)s^3}$，反映了总体密度曲线的对称性信息。

（10）峰度：$\gamma=\frac{B_4}{B_2^2}$，其中 B_2 为样本的 2 阶中心距，B_4 为样本的 4 阶中心距，峰度反映了总体密度曲线在其峰值附近的陡峭程度，正态分布的峰度为 3。

使用 MATLAB 软件对 L 校某次考试的年级（理科，含理科实验班）和两个班级（理科，普通班 A 班和 B 班）的总分分析结果如表 4–2 所示。

表 4-2　描述性统计量示例

指标	均值/分	标准差/分	最大值/分	最小值/分	极差/分	中位数/分	众数/分	变异系数	偏度	峰度
全体	507.14	69.4	672.5	224.5	448	507.5	485.5	0.14	−0.3	3.1
A 班	477.71	48.08	568.5	376	192.5	480.5	425.5	0.1	−0.24	2.46
B 班	472.2	49.84	566.5	351.5	215	473.5	459	0.1 I	−0.36	3

从表 4-2 可以看出，整个年级的各项指标与每个班级的各项指标差异较大，这主要是因为理科实验班的数据较大地影响了年级的数字特征，而两个普通班的数据差异性不大。为了方便了解年级和班级的整体状况，分别对年级和部分班级（同一组团内的普通班）做进一步分析。

二、总体分析

总体分析既包括数据分布情况、分布的检验、某次测验中答题结果情况等，也包括平行班级间的总体差异性分析。以年级总分和数学单科成绩为例，做以下分析。

（一）频率分布直方图

频率分布直方图的做法如下：

（1）将样本观测值 $x_{(1)}$、$x_{(2)}$、$x_{(3)}$ 从小到大排序，得到$x_{(1)} < x_{(2)} < \cdots < x_{(n)}$。

（2）适当选取略小于 $x_{(1)}$ 的数 a 与略大于 $x_{(n)}$ 的数 b，将区间（a，b）分为 k 个不相交的小区间，记第 i 个小区间为 I_i，其长度为 h_i。

（3）将样本观测值逐个分到各区间内，并计算各区间内样本观测值的频数 n_i 及频率$f_i = \dfrac{n_i}{n}$。

（4）在 x 轴上截取各区间，并以各区间为底，以$\dfrac{f_i}{h_i}$为高作小矩形，就得到了频率分布直方图。

为了直观显示总体是否服从正态分布，可作出以其均值和标准差为参数的正态密度曲线。以年级总分数据为例，作出图像，从图像中可以看出：总体的总分频率分布直方图与正态密度曲线围成的图形面积接近，总体近似服从正态

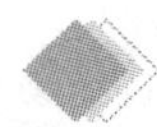

分布；在 500 ～ 525 分数段内样本量最多，正态分布曲线右偏；高分段、低分段等不同分数段内样本比例可直接从图中看出。此次考试的整体结果都可以从图 4–3 中得到反映。

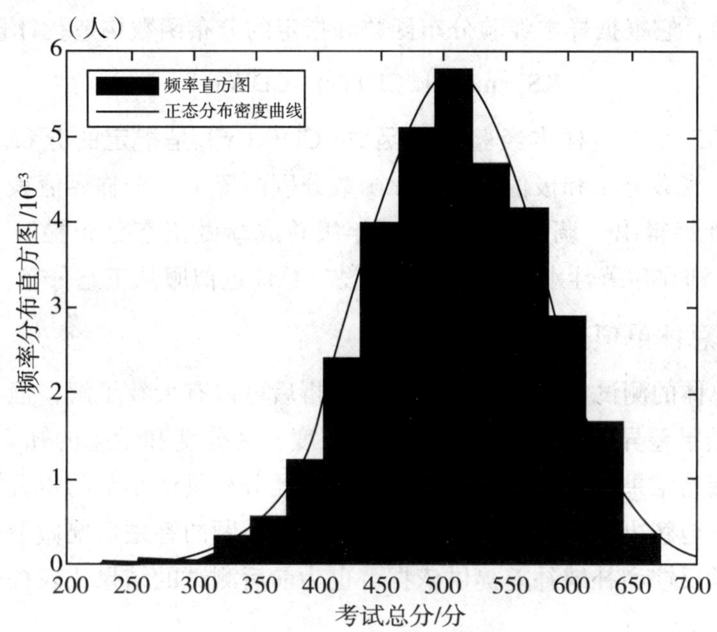

图 4–3　频率分布直方图示例

（二）总体分布检验

对于某些是否服从正态分布的数据检验可先使用正态概率图做大致估计，然后使用 Lilliefors 检验做显著性检验，本书显著性水平都采用α=0.05 的置信水平。

（1）正态概率图实际上就是纵坐标经过变换后的正态分布的分布函数图，正常情况下，正态分布的分布函数是一条 s 形曲线，而在正态概率图上描绘变成一条直线。若样本的观测值集中在参考线附近，说明数据近似服从正态分布；若偏离参考线的数据越多，则样本越不服从正态分布。以考试总分数据为例，作正态概率图发现，大多数样本数据落在参考线附近，但两端有不少数据不在参考线附近。大致做出总体服从正态分布的假设，进一步使用 Lilliefors 检验判断其是否服从正态分布。

（2）当总体均值和方差未知时，用样本均值$\bar{x}$和标准差 s 代替总体的均值μ

和标准差σ，然后使用 Lilliefors 检验。MATLAB 中的 test 函数可用于 Lilliefors 检验，检验样本是否服从指定的分布，这里分布的参数都是未知的，需根据具体样本做出估计，如正态分布、指数分布和极值分布。Lilliefors 检验是双侧拟合优度检验，它根据样本经验分布函数和指定的分布函数构造统计量：

$$KS = \max_x |SCDF(x) - CDF(x)| \quad (4\text{-}5)$$

式中，SCDF（x）是样本经验分布函数；CDF（x）是指定的分布函数。针对正态分布、指数分布和极值分布 test 函数分别内置了一个临界值表，由蒙特卡罗模拟法计算得出。调用 test 函数对年级总成绩做正态分布检验，计算得到 p=0.1034，即在显著性水平下接受原假设，总体近似服从正态分布。

（三）总体单项分析

对于总体的测试结果情况经过上述分析后可以有大致了解，但无法比较两次考试的结果差异性，也无法反映测试难度、区分度和学生的知识掌握情况。以往由于阅卷结果统计存在困难，较难细微地分析具体小题的得分情况，但网上阅卷很好地解决了此类问题。对测试中学生各题的答题情况做下列分析可为后续的教学反馈和补缺补差提供依据，也为前后测试的结果比较提供参考。定义指标量如下。

（1）难度：$P=\dfrac{\bar{X}}{X_{\max}}$。

（2）区分度：$D=\dfrac{2\left(\bar{X}_H-\bar{X}_L\right)}{X_{\max}}$，其中$\bar{X}_H$为高组平均分，$\bar{X}_L$为低组平均分。

（3）及格率：$v_C=\dfrac{n_C}{n}$，其中 n 为总人数，n_C 为及格人数。

（4）优秀率：$v_A=\dfrac{n_A}{n}$，其中 n 为总人数，n_A为优秀人数。

对某次数学考试（理科）数据进行分析，可以得到表 4-3。

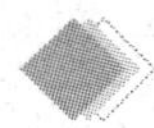

表 4-3 总体单项分析示例

概况	考生数	零分答卷数	满分	最高分	最低分	平均分	标准差	难度	区分度	及格率	优秀率
	1440	26	150	150	19	101.13	20.37	0.67	0.33	73.41	9.12
题号	分值	平均分	难度/得分率	区分度	答案	选项分布 (%)					
						A	B	C	D	多填	漏填
1	5	4.81	0.96	0.14	B	0.6	96.3	2.7	0.4	0	0
2	5	4.9	0.94	0.23	A	93.8	0.5	5.1	0.5	0	0.1
3	5	4.92	0.98	0.06	A	98.4	0.8	0.5	0.3	0	0
4	5	4.03	0.81	0.72	D	7	3.5	8.6	80.6	0	0.4
5	5	4.47	0.89	0.4	A	89.3	2.2	1.1	7.4	0	0
6	5	4.64	0.93	0.27	C	0.6	2.3	92.8	4.3	0	0
7	5	4.16	0.83	0.62	B	9.1	83.2	4.7	2.9	0	0
8	5	3.05	0.61	1	D	3.8	8.8	26.2	61	0	0.2
9	5	2.68	0.54	1	B	13.2	53.6	32.2	1.1	0	0
10	5	1.53	0.31	1	A	30.7	44.1	10.9	14.1	0	0.2
填空	25	13.78	0.55	0.55							
16	12	10.12	0.84	0.58							
17	12	9.88	0.82	0.52							
18	12	9.79	0.82	0.49							
19	13	9.49	0.73	0.52							
20	13	4.37	0.34	0.78							
21	13	4.72	0.36	0.56							
卷I	50	38.98	0.78	0.33							

从表 4–3 中可以很容易看出学生在各题中的答题情况，这对阶段性的教学反馈具有很高的参考价值。从表 4–3 中的数据看，本次测试的试卷等级较好。

（四）总体差异分析

在一次测试后，如何比较两个班级是否存在差异是教育管理者比较关心的问题，单纯从均值大小上比较容易受极端数据影响，因此考虑使用方差分析的方法进行比较。

（1）方差分析（analysis of variance）是英国统计学家罗纳德·艾尔默·费希尔（ronald aylmer fisher）于 20 世纪 20 年代提出的一种统计方法，它有着广泛应用，可以分析和检验总体之间的均值是否有所不同，方法是通过方差来进行分析。方差分析要假定各总体中变量的每一个取值对应的因变量的分布具有相等的方差，如果不知道总体方差，可以用样本方差来检验总体方差是否相等。一般样本方差的最大值与最小值之比不超过 3，这是检验总体方差的标准。方差分析还要假定总体因变量服从正态分布。在方差分析中，自变量只有一个定类变量时，称为一元方差分析；自变量不止一个定类变量时，称为多元方差分析。

现使用一元方差分析对不同班级的学生成绩进行分析。

（2）方差分析模型。记 x_{ij} 为第 i 组 j 学生的成绩，$i=1,2,\cdots,a;j=1,2,\cdots,n_i$。$x_{ij}\sim N\left(\mu_i,\sigma^2\right)$，且$x_{i1},\cdots,x_{ij}$相互独立。则有：

$$\begin{cases}x_{ij}=\mu_i+e_{ij}\\ e_{ij}\sim N\left(0,\sigma^2\right)\end{cases},i=1,2,\cdots,a;j=1,2,\cdots,n_i \tag{4-6}$$

式中：μ_i是第 i 个总体的均值；e_{ij}是相应的试验误差。比较 a 组水平的差异归结为比较 a 个总体的均值。记$n=\sum_{i=1}^{a}n_i,\mu=\frac{1}{n}\sum_{i=1}^{a}n_i\mu_i,\alpha_i=\mu_i-\mu$，这里 μ 是所有样本均值 E（x_{ij}）的总平均值，易知$\sum_{i=1}^{a}n_i\alpha_i=0$，可写成：

$$\begin{cases}x_{ij}=\mu+\alpha_i+e_{ij}\\ e_{ij}\sim N\left(0,\sigma^2\right)\\ e_{ij}\sim N\left(0,\sigma^2\right)\end{cases} \tag{4-7}$$

写成矩阵形式为

$$\begin{cases} x = X\beta + e \\ e \sim N\left(0, \sigma^2 I_n\right) \\ h'\beta = 0 \end{cases} \tag{4-8}$$

一元方差分析是一个带约束条件$h'\beta = 0$的线性模型。构造检验假设$H_0 : \mu_1 = \mu_2 = \cdots = \mu_a$，记$\bar{x} = \frac{1}{n}\sum_{i=1}^{a}\sum_{j=1}^{n_i} x_{ij}$表示所有$x_{ij}$的总平均值。

总离差平方和$SS_T = \sum_{i=1}^{a}\sum_{j=1}^{n_1}\left(x_{ij} - \bar{x}\right)^2$。

组内平方和$SS_E = \sum_{i=1}^{a}\sum_{j=1}^{n_i}\left(x_{ij} - \bar{x}_i\right)^2$。

可知 $SS_T=SS_E+SS_A$，可构造统计量：

$$F = \frac{SS_A / (a-1)}{SS_E / (n-a)} \sim F_{a-1,n-a} \tag{4-9}$$

于是F可以作为H_0的检验统计量，对于给定的显著性水平α，若$F > F_{a-1,n-a}(\alpha)$时，就可以拒绝原假设，即各班的成绩有显著性差异；反之则接受原假设。

现对某组团内5个班级进行总体差异分析。先作出箱线图，具体做法如下：

①画一个箱子，其下侧线为样本 0.25 分位数位置，其上侧线为样本 0.75 分位数位置，在样本中位数（0.5 分位数）位置画一条横线（画在箱子内），这个箱子包含了样本中 50% 的数据。

②在箱子上、下两端各引出一条竖线，下方线画至样本最小值，上方线画至样本最大值，这样的线段各包含了 25% 的数据。

通过以上两步得到的图形就是数据的箱线图，其能直观地反映样本数据的分散程度以及总体分布的对称性和尾重，并能直观地看出数据中的异常值。

从图 4-4 中比较直观地看出 B1、B4 班处于较高水平，B2、B3、B5 班水平一般，而后再进一步比较每个班的水平。

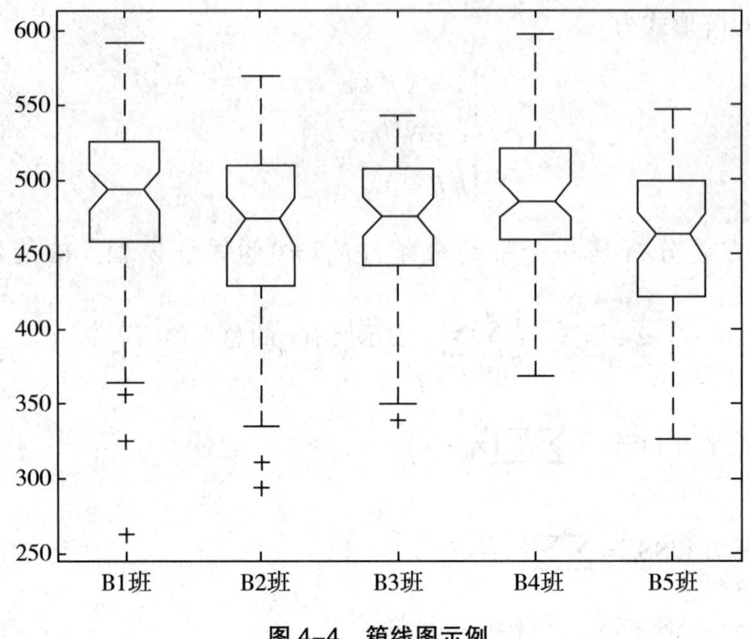

图 4-4 箱线图示例

先做正态分布检验，调用 test 函数对每个班级的成绩进行检验，得到如下结果：

result=

0.2781

0.4590

0.0150

0.3070

0.3576

发现 B3 班在显著性水平下不服从正态分布，在剔除 B3 班的极端数据后近似服从正态分布。直接计算得到 F=3.12，检验概率为 0.0155，低于置信水平，所以拒绝原假设，即各班成绩存在差异。因而需要进一步找出存在差异性的班级，使用多重比较的方法，计算各班均值差值的置信区间。由于：

$$\frac{\left(\overline{x}_i-\overline{x}_j\right)-\left(\mu_i-\mu_j\right)}{\hat{\sigma}\sqrt{\frac{1}{n_i}+\frac{1}{n_j}}}\sim t_{n-a} \tag{4-10}$$

得到置信区间为：

$$\left(\left(\overline{x}_i-\overline{x}_j\right)-\hat{\sigma}\sqrt{\frac{1}{n_i}+\frac{1}{n_j}}t_{n-a}\left(\frac{\alpha}{2}\right),\left(\overline{x}_i-\overline{x}_j\right)+\hat{\sigma}\sqrt{\frac{1}{n_i}+\frac{1}{n_j}}t_{n-a}\left(\frac{\alpha}{2}\right)\right) \tag{4-11}$$

结果如图 4–5 所示。图中圆圈处为该班级的均值，两段延长线为在置信区间下的均值范围，若两个班级不存在明显的差异，则线段存在重合部分；如果班级均分估计区间不存在重合部分，就可以认为两个班级的成绩存在明显的差异性。

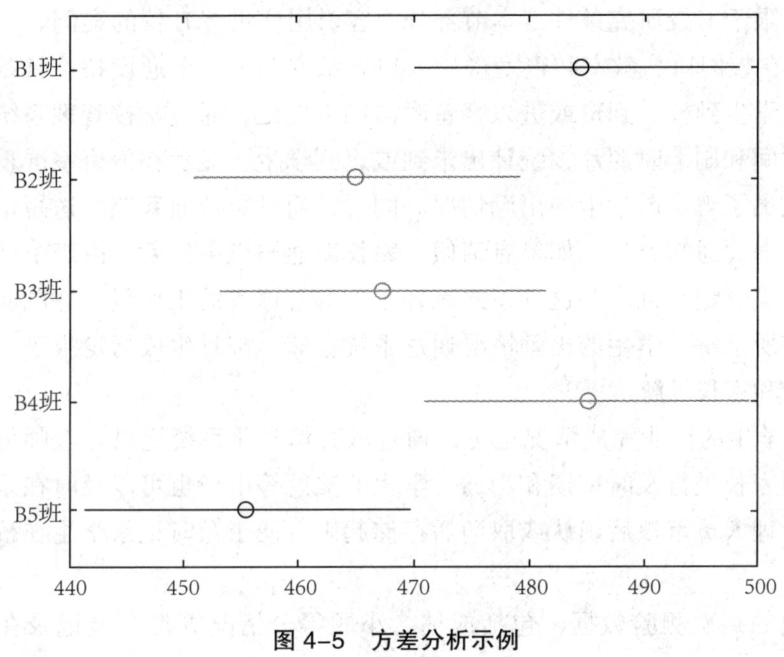

图 4–5　方差分析示例

从图 4–5 中可以看出 B5 班与 B1、B4 班存在明显的差异，B1、B4 班优于 B2、B3 班。

三、个体分析

学生的发展受诸多因素影响，学生的成长也不仅限于学业成绩的表现，如何科学评价学生综合素质一直是国内外学者讨论的重点。借助教育信息化系统，可以及时和全方面地记录学生的成长情况，主要包括学生的文化课成绩、社团活动时间、艺体类活动及比赛、社会实践活动、奖惩记录等诸多方面。当前，在新高考形势下，社会和学校更多倾向于对学生高考成绩的关注，但从教育的培养目标来看，学生在校的各种表现都应被记录作为评价学生的因素。L校每年在针对高校自主招生推荐学生时采用综合素质评价排序的方式，结合学生报名情况分配指标。针对学生的个体分析可分为阶段性评价、发展性评价和综合素质评价。

（一）个体阶段性评价

学生阶段性评价主要是指某个学期或者阶段，学生在校学习和成长情况的具体反映，目前较为关注的是迟到、请假情况，作业完成情况，阶段性的成绩状况等。限于L校研究条件，本节部分内容引用杭州市E校的案例。

E校在校门口、教室和寝室楼栋入口处都安装了一卡通设备，具备拍照记录功能。学生到校、到班或进入寝室时需刷卡登记，通过学校管理系统可以记录到达时间和刷卡时照片，统计出未到或迟到学生，显示在值班室屏幕上，便于管理人员了解当前学生的出勤情况。同时，通过家校通系统发送短信到学生家长手机上，通知家长。如果有请假，家长需通知班主任后，由班主任在系统管理客户端登记和批准。这种模式减轻了教育管理者的工作量，并能实时对学生情况有所了解。学生的出勤情况通过系统存储，按月生成指定报表，方便教育管理者和家长了解。

E校学生的作业完成情况也可以通过教育信息化系统记录，教师可以通过该系统与家长进行及时反馈和沟通。学生的奖惩等申请也可以及时在系统内发起，由管理人员审核后确认或取消后存储起来，便于及时记录学生在校内的学习情况。

学生的每次测验数据，包括成绩、小题得分情况等都会被记录在数据库中，作为学业阶段性评价指标。但这些数据仅反映某个时间段内学生的学习情况，家长和管理者更希望从发展的角度观察学生的发展趋势，并及时给予帮助，促进学生全面发展。

（二）个体发展性评价

1. 个体综合成绩评价

由于高中阶段所学科目较多，不同学生也存在着学习能力的差异性，想要直观地了解学生的学习水平，可以借助雷达图来观察。

根据某班级 n 个学生某次考试 P 门成绩构成的矩阵，即可作出如图4–6所示的雷达图。

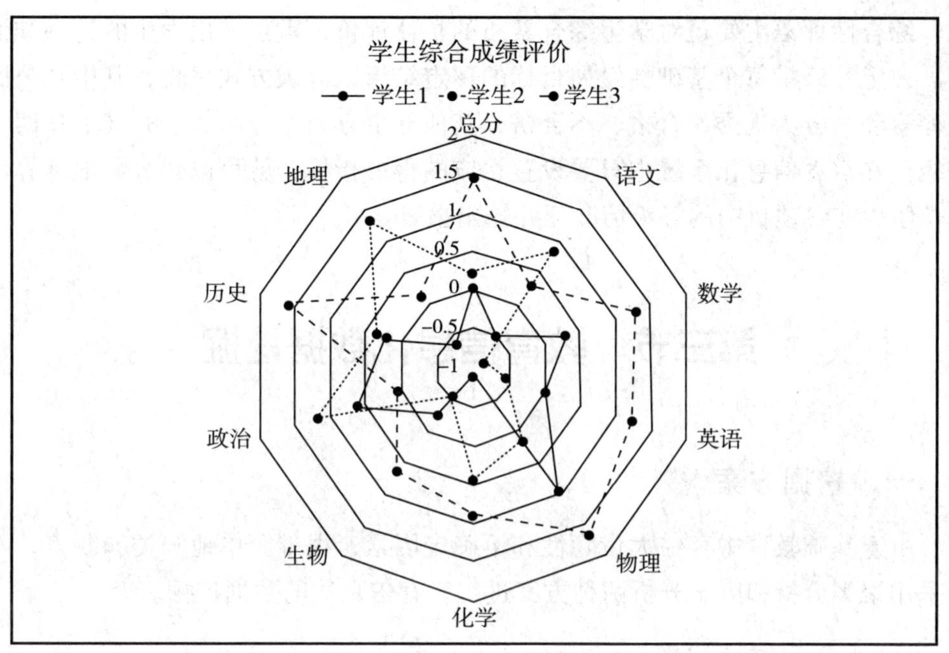

图 4-6　雷达图

从图 4-6 中可以看出，学生 3 的综合成绩最高，并且数理化和英语的成绩都较为突出，比较适合理科学习；学生 2 的综合成绩一般，主要是数学和生物科目成绩不是太理想，但政治和地理成绩较好，比较适合文科学习。

2. 个体单科成绩评价

由于每次测试的总分和难度不同，可以使用标准分来反映学生的成绩变化情况。标准分是一种以标准差为单位的相对量，它以整体的平均水平作为比较的基准。标准分为正，表示个体成绩高于平均水平，且数值越大，表示成绩越好；标准分为负，表示个体水平低于平均水平。同时，标准分分布与原始分分布相同，使用标准分对不同学科的学习情况都可以进行比较。

（三）个体综合素质评价

L 校普通高中学生综合素质评价以《安徽省普通高中学生综合素质评价标准》中的有关要求为基本依据，从公民道德素养、交流与合作、学习态度与能力、实践与创新、运动与健康、审美表现六个方面对学生进行评价。评价指标分为基础性发展目标、要素、主要行为表现三级。

普通高中学生综合素质评价的结果包括两个部分：综合性评语和评定等

级。综合性评语主要是对学生综合素质的整体评价，重点突出学生的特点和潜质。评定等级指每个基础性发展目标的评定结果以等级方式呈现，其中“公民道德素养”分为优秀、合格、不合格，其他五个方面均分为 A、B、C、D 四个等级。在教育信息化系统中只要设置相应的得分指标，就可以较容易地计算出每位学生在各项目中的等级情况，并输出报表。

第三节　教育信息化数据挖掘

一、挖掘方案

由于基础教育中存在大量隐性和不确定因素，很难简单地归类和断言，本书采用聚类分析和因子分析两种方案进行教育信息化的数据挖掘。

（一）聚类分析

聚类分析的目的是把对象按一定规则分成若干类，与预先给定标准的分类不同，聚类分析的类标准不是事先给定的，而是根据数据的特征确定的，对类的数目和类结构不做任何假定。在同一类里的对象倾向于彼此相似，而不同类里的对象倾向于不相似。聚类分析根据分类对象的不同分为 Q 型聚类分析和 R 型聚类分析。Q 型聚类是指对样本进行聚类，R 型聚类是指对变量进行聚类。聚类分析主要有系统聚类法、K 均值聚类法和模糊 C 均值聚类法。

1. 距离

距离多用来度量样本之间的相似性，相似系数多用来度量变量之间的相似性。设 X_1，X_2，...，X_n 为 p 维总体中的 n 个样本，记第 i 个样本 $X_i=\left(x_{i1},x_{i2},\cdots,x_{ip}\right)$ $\left(i=1,2,\cdots,n\right)$，定义以下几种常用的距离。

（1）闵可夫斯基（Minkowski）距离：

$$d_{ij}(q)=\left[\sum_{k=1}^{p}\left|x_{ik}-x_{jk}\right|^{q}\right]^{1/q},i=1,2,\cdots,n;j=1,2,\cdots,n \qquad (4-12)$$

特别地，当 q=1 时，d_{ij}（1）称为绝对值距离；当 q=2 时，d_{ij}（2）称为欧

 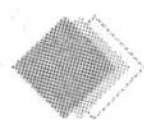

式距离；当 $q \to \infty$ 时，$d_{ij}(\infty)$称为切比雪夫距离。

（2）兰氏（Lance 和 Williams）距离：

$$d_{ij}(L)=\sum_{k=1}^{p}\frac{\left|x_{ik}-x_{jk}\right|}{x_{ik}+x_{jk}},i=1,2,\cdots,n;j=1,2,\cdots,n \tag{4-13}$$

（3）马哈拉诺比斯（Mahalanobis）距离：

$$d_{ij}(M)=\sqrt{\left(X_i-X_j\right)S^{-1}\left(X_i-X_j\right)'},i=1,2,\cdots,n;j=1,2,\cdots,n \tag{4-14}$$

（4）斜交空间距离：

$$d_{ij}^{*}=\left[\frac{1}{p^2}\sum_{k=1}^{p}\sum_{l=1}^{p}\left(x_{ik}-x_{jk}\right)\left(x_{il}-x_{jl}\right)r_{kl}\right]^{1/2},i=1,2,\cdots,n;j=1,2,\cdots,n \tag{4-15}$$

2. 相似系数

假设变量$x_i=\left(x_1,x_{2i},\cdots,x_{mi}\right)'$和$x_j=\left(x_{1j},x_{2j},\cdots,x_{nj}\right)'$，有如下定义。

（1）夹角余弦：

$$C_{ij}(1)=\frac{\sum_{k=1}^{n}x_k x_{kj}}{\sqrt{\left(\sum_{k=1}^{n}x_{ki}^2\right)\left(\sum_{k=1}^{n}x_{kj}^2\right)}},i=1,2,\cdots,p;j=1,2,\cdots,p \tag{4-16}$$

（2）相关系数：

$$C_{ij}(2)=\frac{\sum_{k=1}^{n}\left(x_{ki}-\overline{x}_i\right)\left(x_{kj}-\overline{x}_j\right)}{\sqrt{\left[\sum_{k=1}^{n}\left(x_{ki}-\overline{x}_i\right)^2\right]\left[\sum_{k=1}^{n}\left(x_{kj}-\overline{x}_j\right)^2\right]}},i=1,2,\cdots,p;j=1,2,\cdots,p \tag{4-17}$$

式中，$\overline{x}_i=\frac{1}{n}\sum_{k=1}^{n}x_{ki};\overline{x}_j=\frac{1}{n}\sum_{k=1}^{n}x_{kj}$。

3. 系统聚类法

系统聚类法开始时将 n 个样品（或 p 个变量）各自作为一类，并规定样品（或变量）之间的距离和类与类之间的距离，然后将距离最近的两类合并成一个新类，计算新类与其他类之间的距离，重复进行两个最近类的合并，每次减少一类，直至所有的样品（或变量）合并为一类，最后形成一个亲疏关系图谱（谱系图），通常从图中能清晰地看出分成几类以及每一类所包含的样品（或变量），除此之外，也可借助统计量来确定分类结果。

在聚类分析中，通常用 G 表示类，假定 G 中有 m 个元素，不失一般性，可用列向量$\boldsymbol{x}_i(i=1,2,\cdots,m)$来表示，$d_{ij}$ 表示元素 $\boldsymbol{x}_i$ 和 $\boldsymbol{x}_j$ 间的距离，D_{KL} 表示类 G_K 与类 G_L 之间的距离，类与类之间用不同的方法定义距离，就产生了几种不同的系统聚类方法。

1969 年，威沙特（Wishart）将 8 种不同系统聚类法的距离计算公式统一为：

$$D_{MJ}^2=\alpha_K D_{KJ}^2+\alpha_L D_{LJ}^2+\beta D_{KL}^2+\gamma\left|D_{KJ}^2-D_{LJ}^2\right| \tag{4-18}$$

式中，各参数取值如表 4-4 所示。

表 4-4　系统聚类法参数表

方法	α_K	α_L	β	γ
最短距离法	1/2	1/2	0	–（1/2）
最长距离法	1/2		0	1/2
中间距离法	1/2		–（1/4）	0
可变法	（1– β）/2	（1– β）/2	$\beta(<1)$	0
重心法	n_L / n_M	n_L / n_M	–（$n_K n_L / n_M^2$）	0
类平均法	n_L / n_M	n_L / n_M	0	0
可变类平均法	（1– β）n_L / n_M	（1– β）n_L / n_M	n_L / n_M	0
离差平方和法	（n_J+n_K）/（n_J+n_M）	（n_J+n_L）/（n_J+n_M）	–nJ/（n_J+n_M）	0

（二）因子分析

因子分析（factor analysis）的思想源于 1904 年查尔斯·斯皮尔曼（Charles Spearman）对学生考试成绩的研究，他利用降维思想，把每一个原始变量分解成两部分，一部分是少数公共因子的线性组合，另一部分是该变量所独有的特殊因子，其中公共因子和特殊因子都是不可观测的隐变量，需要对公共因子做出具有实际意义的合理解释。因子分析根据模型假设可分为正交因子分析和斜

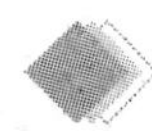

交因子分析；根据分析者目的可分为探索型因子分析和验证型因子分析。本书采用正交因子分析。

1. 因子分析模型

设 p 维总体 $\boldsymbol{x}=\left(x_1,x_2,\cdots,x_p\right)'$ 的均值 $\boldsymbol{\mu}=\left(\mu_1,\mu_2,\cdots,\mu_p\right)'$，协方差矩阵相关系数为 $\boldsymbol{\Sigma}=\left(\sigma_{ij}\right)_{p\times p}$，相关系数矩阵为 $\boldsymbol{R}=\left(\rho_{ij}\right)_{p\times p}$，因子分析的一般模型为：

$$\begin{cases} x_1=\mu_1+a_{11}f_1+a_{12}f_2+\cdots+a_{1m}f_m+\varepsilon_1 \\ x_2=\mu_2+a_{21}f_1+a_{22}f_2+\cdots+a_{2m}f_m+\varepsilon_2 \\ \vdots \\ x_p=\mu_p+a_{p1}f_1+a_{p2}f_2+\cdots+a_{pm}f_m+\varepsilon_p \end{cases} \tag{4-19}$$

也可写成矩阵形式：

$$\boldsymbol{x}=\boldsymbol{\mu}+A\boldsymbol{f}+\boldsymbol{\varepsilon} \tag{4-20}$$

式中：$f_1,f_2,\cdots,f_m$ 为 m 个公共因子；ε_i 是变量 $x_i(i=1,2,\cdots,p)$ 所特有的特殊因子，它们都是不可观测的隐变量；称 $a_{pm}(p=1,2,\cdots,p;m=1,2,\cdots,m)$ 为变量 x_i 在公共因子 f_i 上的载荷，它反映了公共因子对变量的重要程度，对解释公共因子具有重要的作用。

通常因子分析模型做如下假定：

（1）公共因子彼此不相关，且具有单位方差，即 $E(f)=0_{m\times1}$，$var(f)=I_{m\times n}$。

（2）特殊因子彼此不相关，即 $E(\varepsilon)=0_{p\times1}$，$\mathrm{var}(\varepsilon)=D=\mathrm{diag}\left(\sigma_1^2,\sigma_2^2,\cdots,\sigma_p^2\right)$。

（3）公共因子和特殊因子彼此不相关，即 $\mathrm{cov}(f,\varepsilon)=0_{m\times p}$。

因子分析原理如图 4–7 所示。通过变量计算因子对其的载荷矩阵，寻找较大数值的载荷，即图中粗线箭头所示，通过分析变量之间的差异来解释因子的特征。

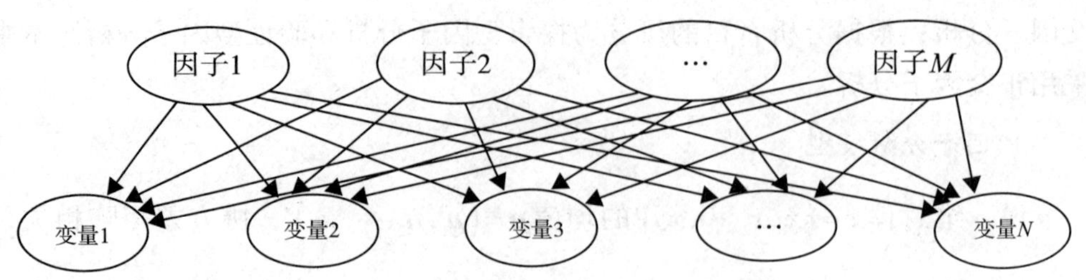

图 4-7　因子分析原理图

2. 因子载荷阵和特殊方差阵估计

求解因子模型的关键是估计因子载荷阵 $\boldsymbol{A}$ 和特殊方差阵 $\boldsymbol{D}$，常用的估计方法有主成分法、主因子法和极大似然法。

若总体$\boldsymbol{x} \sim N_p(\mu,\Sigma)$，$x_1, x_2, \cdots x_n$为取自总体的样本，由样本得到的似然函数是 $\boldsymbol{\mu}$ 和$\boldsymbol{\Sigma}$的函数，而在因子模型下有$\boldsymbol{\Sigma}=\boldsymbol{AA}'+\boldsymbol{D}$，从而似然函数是 $\boldsymbol{\mu}$、$\boldsymbol{A}$ 和 $\boldsymbol{D}$ 的函数，可求得 $\boldsymbol{\mu}$、$\boldsymbol{A}$ 和 $\boldsymbol{D}$ 的极大似然估计。设求得的极大似然估计分别为$\hat{\boldsymbol{\mu}}$、$\hat{\boldsymbol{A}}$和$\hat{\boldsymbol{D}}$，可以证明$\hat{\boldsymbol{\mu}}=\bar{\boldsymbol{x}}$，$\hat{\boldsymbol{A}}$和$\hat{\boldsymbol{D}}$满足下列方程组：

$$\begin{cases} \hat{\boldsymbol{\Sigma}}\hat{\boldsymbol{D}}^{-1}\hat{\boldsymbol{A}} = \hat{\boldsymbol{A}}\left(\boldsymbol{I}_{m\times m} + \hat{\boldsymbol{A}}'\hat{\boldsymbol{D}}^{-1}\hat{\boldsymbol{A}}\right) \\ \hat{\boldsymbol{D}} = \mathrm{diag}\left(\hat{\boldsymbol{\Sigma}} - \hat{\boldsymbol{A}}\hat{\boldsymbol{A}}'\right) \end{cases} \tag{4-21}$$

式中：$\hat{\boldsymbol{\Sigma}} = \dfrac{1}{n}\sum_{i=1}^{n}\left(\boldsymbol{x}_i - \bar{\boldsymbol{x}}\right)\left(\boldsymbol{x}_i - \bar{\boldsymbol{x}}\right)'$，$h_i^2 + \sigma_i^2 = 1, i = 1, 2, \cdots, p$。

劳利（Lawley）等人（1967）提出了一种较为实用的迭代法，使极大似然法的实现变得比较便捷，其思想是，先取一个初始矩阵：

$$\boldsymbol{D}_0 = \mathrm{diag}\left(\hat{\sigma}_1^2, \hat{\sigma}_2^2, \cdots, \hat{\sigma}_p^2\right) \tag{4-22}$$

求$\boldsymbol{D}_0^{-1/2}\hat{\boldsymbol{\Sigma}}\boldsymbol{D}_0^{-1/2}$的特征值$\lambda_1 \geqslant \lambda_2 \geqslant \cdots \geqslant \lambda_p$，及相应的特征向量$\boldsymbol{a}_1, \boldsymbol{a}_2, \cdots, \boldsymbol{a}_p$，然后计算 $\boldsymbol{A}_0$：

$$\boldsymbol{A}_0 = \boldsymbol{D}_0^{1/2}\left(\boldsymbol{a}_1, \boldsymbol{a}_2, \cdots, \boldsymbol{a}_p\right)\left[\mathrm{diag}\left(\lambda_1, \lambda_2, \cdots, \lambda_p\right) - \boldsymbol{I}_{m\times m}\right]^{1/2} \tag{4-23}$$

3. 因子旋转

当因子载荷阵某一列上各元素的绝对值差距比较大，并且绝对值大的元素

 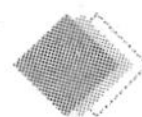

比较少时，该公共因子就易于解释，反之，公共因子的解释就变得比较困难，此时可以考虑对因子和因子载荷阵进行旋转，使旋转后的因子载荷阵的各列元素的绝对值尽可能两极分化，以便于公共因子解释。因子旋转方法有正交旋转和斜交旋转两种，本书采用最大方差旋转法，这种旋转方法的目的是使因子载荷阵每列上的各元素的绝对值（或平方值）尽可能地向两极分化，即少数元素的绝对值（或平方值）取尽可能大的值，而其他元素尽量接近于0。

$$\begin{aligned}\operatorname{var}(x_i)&=\operatorname{var}(\mu_i+a_{i1}f_1+a_{i2}f_2+\cdots+a_{im}f_m+\varepsilon_i)=\sum_{j=1}^{m}a_{ij}^2\operatorname{var}(f_j)+\operatorname{var}(\varepsilon_i)\\&=\sum_{j=1}^{m}a_{ij}^2+\sigma_i^2,i=1,2,\cdots,p\end{aligned} \tag{4-24}$$

令$h_i^2=\sum_{j=1}^{m}a_{ij}^2,i=1,2,\cdots,p$，则$h_i^2$反映了公共因子对变量$x_i$的影响，称为共性方差，特殊因子$\varepsilon_i$的方差$\sigma_i^2$称为特殊方差，若$x$的各分量已经标准化，则设$\boldsymbol{T}_{m\times m}$为一正交矩阵，令

$$\boldsymbol{B}=\boldsymbol{AT}=(b_{ij})_{p\times m} \tag{4-25}$$

$$d_{ij}^2=\frac{b_{ij}^2}{h_i^2},\bar{d}_j=\frac{1}{p}\sum_{i=1}^{p}d_{ij}^2,V_j=\frac{1}{p}\sum_{i=1}^{p}\left(d_{ij}^2-\bar{d}_j\right)^2,j=1,2,\cdots,m \tag{4-26}$$

则称V_j为旋转后因子载荷阵$\boldsymbol{B}$的第j列元素的平方的相对方差，它度量了$\boldsymbol{B}$的第j列元素的平方值之间的差异程度。所谓最大方差旋转法，就是选择正交矩阵$\boldsymbol{T}$，使$V=\sum_{i=1}^{m}V_i$达到最大。

式（4–24）中除以共性方差h_i^2是为了消除公共因子对原始变量的方差贡献不同的影响，并且由T的正交性可知：

$$\boldsymbol{BB}'=\boldsymbol{ATT}'\boldsymbol{A}',h_i^2=\sum_{j=1}^{m}a_{ij}^2=\sum_{j=1}^{m}b_{ij}^2,i=1,2,\cdots,p \tag{4-27}$$

即正交变换不改变共性方差。

4. 确认结果精度

对 i 求和可得：

$$\sum_{i=1}^{p}\operatorname{var}\left(x_i\right)=\sum_{i=1}^{p}a_{il}^2+\sum_{i=1}^{p}a_{i2}^2+\cdots+\sum_{i=1}^{p}a_{im}^2+\sum_{i=1}^{p}\sigma_i^2 \tag{4-28}$$

令$g_j^2=\sum_{i=1}^{p}a_{ij}^2, j=1,2,\cdots,m$，则$g_j^2$反映了第 j 个公共因子对 p 个原始变量总方差的贡献，它是衡量公共因子重要性的一个度量，g_j^2值越大，说明第 j 个公共因子f_j越重要。称$g_j^2/\sum_{i=1}^{p}\operatorname{var}\left(x_i\right)$为第 j 个公共因子的贡献率，若 x 的各分量已经标准化，则第 j 个公共因子的贡献率为g_j^2/p。

5. 解释公共因子含义

关于公共因子的解释因研究者的主观认识不同可能存在差异，但大体都是通过寻找公共因子影响较大和较小的变量类型差异性来解释的。

6. 求出因子得分，对样本评价

在对公共因子做出合理的解释之后，需要得到样本所对应的公共因子得分，进而做出相应评价，常用的方法有加权最小二乘法和回归法，本书采用加权最小二乘法。

因子模型为：

$$\begin{cases}x_1-\mu_1=a_{11}f_1+a_{12}f_2+\cdots+a_{1m}f_m+\varepsilon_1\\x_2-\mu_2=a_{21}f_1+a_{22}f_2+\cdots+a_{2m}f_m+\varepsilon_2\\x_p-\mu_p=a_{p1}f_1+a_{p2}f_2+\cdots+a_{pm}f_m+\varepsilon_p\end{cases} \tag{4-29}$$

将式（4–29）看成一个回归模型，其中$f_1,f_2,\cdots,f_m$是待估参数，ε_i是变量 x_i（i=1，2，…，p）的随机误差，方差不同，构造目标函数：

$$Q\left(\hat{f}_1,\hat{f}_2,\cdots,\hat{f}_m\right)=\sum_{i=1}^{p}\frac{1}{\sigma_i^2}\left[\left(x_i-\mu_i\right)-\left(a_{ii}\hat{f}_1+a_{i2}\hat{f}_2+\cdots+a_{im}\hat{f}_m\right)\right]^2 \tag{4-30}$$

写成矩阵形式为：

$$Q(\hat{f})=(\boldsymbol{x}-\boldsymbol{\mu}-\boldsymbol{A}\hat{f})'\boldsymbol{D}^{-1}(\boldsymbol{x}-\boldsymbol{\mu}-\boldsymbol{A}\hat{f}) \tag{4-31}$$

由$Q(\hat{f})$达到最小，求得因子得分的估计为：

$$\hat{f}=\left(\boldsymbol{A}'\boldsymbol{D}^{-1}\boldsymbol{A}\right)^{-1}\boldsymbol{A}'\boldsymbol{D}^{-1}(\boldsymbol{x}-\boldsymbol{\mu}) \tag{4-32}$$

其称为巴特莱特（Bartlett）因子得分，通常用$\bar{\boldsymbol{x}}$、$\hat{\boldsymbol{A}}$和$\hat{\boldsymbol{D}}$分作为$\boldsymbol{\mu}$、$\boldsymbol{A}$ 和 $\boldsymbol{D}$的估计，计算每个样本的因子得分为：

$$\hat{f}_i=\left(\hat{\boldsymbol{A}}'\hat{\boldsymbol{D}}^{-1}\hat{A}\right)^{-1}\hat{\boldsymbol{A}}'\hat{\boldsymbol{D}}^{-1}\left(x_i-\bar{x}\right) \tag{4-33}$$

二、应用

表 4-5 是 L 校某次考试（考试编号：201501 理科）班级均分的情况，其中 L18 ～ L25 班为理科实验班。年级部会在考试结束之后针对测试后的结果召开考试分析会，诊断各班级的差异情况及原因。这里会涉及两个问题：不同班级如何归类？造成差异性的深层次因素是什么？由于班级学生和学科的差异性，本书先使用聚类分析的方法对不同班级进行聚类分析，将不同班级按学科成绩分类，然后使用因子分析的方法解释产生差异性的原因。

表 4-5　考试成绩班级均分示例　　单位：分

考生单位	语文	数学	英语	物理	化学	生物
L1 班	94.45763	100.5254	110.1864	56.71186	50.27119	74.25424
L2 班	92.86667	96.66667	111.3083	51.83333	52.46667	71.86667
L3 班	88.72881	92.88136	111.7966	51.27119	50.20339	71.69492
L4 班	95.18644	104.4068	110.1864	54.64407	52.91525	72.10169
L5 班	92.0678	94.67797	105.339	51.84746	50.54237	68.89831
L6 班	95.61667	106.25	111.2583	61	52.11667	71.81667
L7 班	90.9	94.45	109.7167	58.3	51.23333	67.46667
L8 班	89.01695	97.01695	108.5339	62.37288	50.66102	67.59322
L9 班	91.60345	94.81034	110.1379	56.10345	54.24138	70.98276
L10 班	93.57627	100.9322	112.8729	60.18644	48.37288	69.13559
L11 班	90.25424	101.7966	110.2712	67.44068	52.64407	70.86441
L12 班	92.50847	101.7627	108.6949	59.83051	52.28814	72.59322

续表 4-5

考生单位	语文	数学	英语	物理	化学	生物
L13 班	90.27586	98.05172	111.0259	56.24138	52.39655	73.43103
L14 班	94.9322	96.54237	108.1271	56.0678	49.11864	70.74576
L15 班	91.55932	96.08475	110.5508	57.23729	56.79661	71.77966
L16 班	92.20339	93.71186	108.7203	55.49153	48.33898	69.69492
L17 班	91.15254	101.9831	109.678	63.49153	52.40678	77.27119
L18 班	99.83929	115.625	128.3125	74.85714	71.82143	82
L19 班	99.53571	114.0536	124.9911	77.26786	71.35714	81.48214
L20 班	96.68421	117.0175	122.3947	70.89474	72.7193	83.21053
L21 班	100.3585	116.320	124.0849	74.84906	72.5283	81.77358
L22 班	100.7805	120.1463	129.1098	81.2439	77.85366	86.04878
L23 班	102.5476	121.9762	130.8095	82.92857	79.11905	86.38095
L24 班	98.1875	115.375	120.3542	71.52083	69.97917	84.0625
L25 班	96.54902	113.7451	121.9412	73.72549	68.13725	81.09804

（一）聚类分析应用

先对表 4-5 中数据进行标准化处理，计算样本间的欧式距离，然后利用类平均法得到系统聚类树，由于计算出 Cophenetic 相关系数为 0.93，结果较好，故生成聚类树谱系图。谱系图从样本叶子节点出发，将相近样本用折线连接起来，随着类型数目的减少，逐渐归为一类。从顶端出发可以清楚地看出哪些样本归为一类，并可以看出其亲疏程度，如图 4-8 所示。

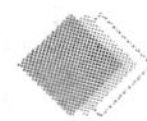

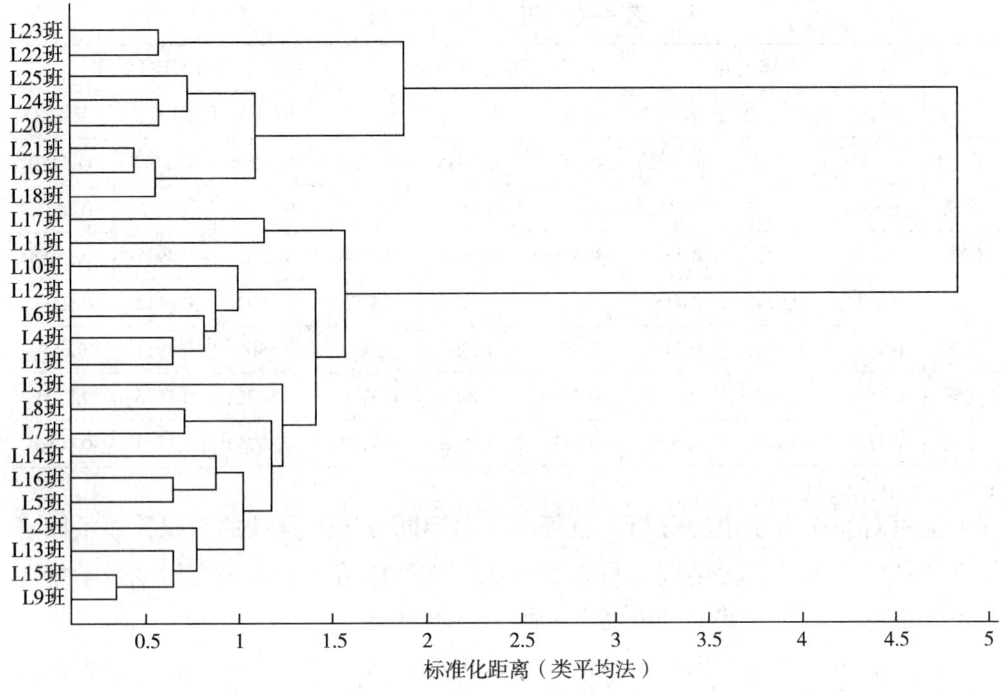

图 4-8 聚类分析谱系图

从图 4-8 中较容易发现理科实验班归为一大类，并处于较高水平；其中 L9 班与 L15 班在第一次聚类中即归为一类，从表 4-5 的数据中也可以看出这两个班级的各科成绩较为接近。因此，可以使用聚类分析的方法将不同班级进行分类，以寻找不同类型班级存在的优势和问题。

同样，如果将表 4-5 中数据替换成学生的成绩，就可以将学生进行聚类，这在今后可能实施的走班制教学中意义巨大，不同类型的学生合理分班后，扬长补短，重点教学，将极大地提升课堂教学效率，促进学生成长。

（二）因子分析应用

由于学生考试的成绩受诸多因素影响，单纯比较均分大小不足以反映学生真实的学习能力。本书采用因子分析的方法对某几次考试结果进行分析，发现虽然试题和结果不同，但三次相邻的考试因子载荷量在学科分布上存在明显特征，如表 4-6 所示。

表 4-6　班级因子载荷表

	2015 年 5 月			2015 年 1 月			2014 年 11 月		
	因子 1	因子 2	因子 3	因子 1	因子 2	因子 3	因子 1	因子 2	因子 3
累计	45.7001	75.2	95.6926	43.1052	73.7819	95.5218	34.8296	67.2077	94.3180
语文	0.351	0.8982	0.255	0.4413	0.8277	0.3393	0.3719	0.759	0.3416
数学	0.7852	0.3816	0.4213	0.5656	0.5382	0.6208	0.622	0.4996	0.5599
英语	0.6437	0.5942	0.4154	0.7301	0.5169	0.3773	0.5692	0.6112	0.5226
物理	0.5614	0.3631	0.7403	0.6542	0.4055	0.5471	0.5309	0.4911	0.655
化学	0.8588	0.3629	0.3547	0.7939	0.4683	0.3749	0.5675	0.5576	0.5721
生物	0.7315	0.4482	0.375	0.6931	0.4636	0.4707	0.7979	0.4374	0.4086

通过对三个因子进行分析，就可以找出不同班级差异性的因素，而不同班级在这些因子上的得分情况也可以反映该班级整体情况，如果在后期教学中注重不足部分的锻炼，就可以提高学生的学习能力。

由于对因子的解释因分析者的主观认识而有所不同，本书所述结论仅作为个人结论。

基于所分析的对象为理科班学生，根据三个因子在不同学科上的载荷量情况，可知因子 1 是理解分析能力，因子 2 是感性认知能力，因子 3 是抽象思维能力，主要依据如下：

（1）化学和生物学科考察的主要是对基础知识的理解及其相关问题的变形，此类能力可以通过反复练习使记忆得到提高，从因子 1 在数学及物理学科上的影响也可以得到这种结论：理科试题中的基础问题大多是平时习题的改编，只要理解记忆了，就可以取得较好成绩。

（2）高中语文学科除了基础知识的记忆外，主要考查学生对文章的阅读感知以及作文的写作能力，因子 2 在语文学科上影响最大，在其他学科上影响也比较均衡，这反映了因子 2 是学习中的一种基础能力，即阅读并理解命题人或者作者的意图。

（3）因子 3 对数学和物理的影响最大，对其他学科的影响变化较大，考虑其贡献率在 20% 左右，可以认为其是抽象思维能力。对于抽象思维能力的培养和考察是理科班教学的重点。由于试题中此类问题出现的比例不高，其贡献率在 20% 左右是可以接受的。抽象思维能力的差异是因学生自我思考深度的不同

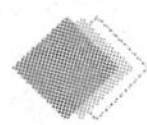

导致的，过多的课堂讲述并不能使其有太多提高，大量的训练也只能对学生的理解分析能力有所帮助。抽象思维能力需要的是学生具备扎实的理论基础后，抽象出不同对象存在的本质联系，通过已知理论对其解释或发现。

从目前的教育教学情况来看，因子 1 的提高可以在短时间内达到，但因子 2 和因子 3 的能力则是长期积累的过程，因人而异。不过从提高教学质量的角度出发，对于因子 2 和因子 3 得分较高的班级，应重点关注，这类班级的成长空间很大；对于因子 1 得分高，另外两个因子得分不高的班级也需着重引导。

（三）教学评价与资源使用的联系

基于聚类分析中距离的概念和聚类方法，将非结构化学习资源标签化后，即可得到一个数据向量，而学生在教学活动中所产生的大量测试结果反映了学生在该阶段内的知识薄弱点。

知识点级别变量：

$$L_i = \left[\frac{6\left(x_i - x_{\min}\right)}{x_{\max} - x_{\min}} \right] \tag{4-34}$$

比对测试卷命题的双向细目表就可以得到学生薄弱知识点的空间向量，如学生每题答题得分结果可表示为：

$$\boldsymbol{X}_i = \left(L, x_1, x_2, \cdots, x_m\right) \tag{4-35}$$

第五章 教育大数据对现代教育系统的意义与影响

第一节 大数据背景下教育系统的变革

一、社会体系的变革对教育系统的冲击

生产力发展引起生产关系的变革，每一次时代变革都会对教育产生深刻的影响。以互联网技术为代表的新技术的进步带来了生产力发展，引发了社会体系的变革，而社会体系的变革不可避免地给教育体系带来了冲击。一方面，社会变迁对教育教学提出了变革的新要求；另一方面，科技进步为教育教学的变革提供了新手段。这两个方面叠加在一起，构成了推动教育教学变革的外部动力。新技术在教育教学系统内部的扩散也具有颠覆性，互联网教育带来教育变革的内部动力正源于这种新技术在教育系统内部的扩散，而其核心表现则在于重构了教育教学系统内部各要素之间的关系。

（一）生产力的发展引发社会体系的变革

任何社会的发展变化都是从生产工具的发展变化开始的，而生产工具的大变革必然引发生产力的大发展。当今世界正处在生产工具大变革的时代，以互联网信息技术为代表的新兴和先进的生产工具的诞生与发展极大地提高了社会生产力和社会劳动效能，同时引起了劳动对象和劳动者素质的深刻变革与巨大进步。生产力中包含着科学技术，科学技术是先进生产力的集中体现和主要标志，是第一生产力。2015 年 3 月，国务院总理李克强在政府工作报告中提出，要制定“互联网 +”战略。随着信息化时代的到来，信息技术正以其迅猛态势渗透于社会的方方面面，改变着人们的社会空间和生活方式。它像空气、阳光

和水一样，成为我们必不可少的生命元素。然而，互联网带来的更大变革和深远影响不仅于此，而是来自思维方式的变革，它促使我们形成一种全新的思维模式。互联网如此深刻地影响了我们的生产方式和生活方式，这是时代之变革，是社会之发展。

每一次时代变革都会对教育产生深刻的影响。信息技术推动了社会变迁，使我们从工业文明进入了信息时代，改变了教育教学所处的外部生态环境，使教育教学系统与整个社会大系统之间的相互关系发生了变化。

（二）社会对人才的需求呼唤教育变革

当今社会，人才成为各国竞争的核心。各种高级人才成为世界性的核心资源。社会发展的一个必要条件就是要拥有各种类型的创新型人才以及拥有具备终身学习能力的人才。

首先，信息（知识）社会对个性化人才的需求。传统的第一次工业变革和第二次工业变革中以“规模化、大批量、标准化”为特征的生产方式将发生颠覆性变革，在新的生产方式变革的趋势下，以“个性化、定制化、网络化生产”为特征的家庭工厂将取代庞大的规模化工厂。这种新型的数字化制造模式和发展模式需要大量的适合信息时代的高素质人才。教育变革经历了从个别化到个性化，再到以班级授课制为核心的规模化、批量化、科学化的发展之路。进入 20 世纪后半叶，这种规模化的学校教育的各种弊端涌现，特别是当今的教育，面临着第三次工业变革的冲击，为了适应新形势的发展需要，教育迫切需要回归到本应沿着第一次教育变革的“个性化”之路，这都需要教育发生新的“变革”。

其次，信息（知识）社会对创新型人才的需求。目前教育变革面临的问题很多，但最突出的问题是培养与信息时代接轨的人才，特别是针对“钱学森之问”，如何培养大量高素质的劳动者和创新型人才，还有很远的路要走。信息技术带来的变革将给人类社会带来全方位的冲击，这种冲击同样将集中反映在如何培养出信息时代所需要的创新型人才上。

最后，信息（知识）社会中人们对教育的需求。现有的教育体系不能够满足信息（知识）时代人们对灵活多样的、优质的、终身教育的需求。互联网深刻影响着教育的理念、模式，既为传统教育带来了前所未有的机遇，也提出了前所未有的挑战。

（三）教育系统变革的内外动力

1. 教育系统变革的外部动力

以互联网和大数据为代表的新技术是教育变革的外部推动力量。“微学位”、数字化学校、数字化教师和数字化课程、反转式课堂、游戏化学习、互动式新型媒体技术等全新教育模式的出现预示着互联网时代的教育将实现教育从教学内容到教育方式的全方位转变。互联网推动了整个教育教学的范式转变与流程再造，改革具有整体性、综合性的鲜明特征。

2. 教育系统变革的内部动力

互联网、大数据在教育教学系统内部扩散，重构了教育教学系统内部各要素之间的关系。互联网时代新的技术带来了教学观的变革、教学过程的重组、教学空间的重构、教师角色的转变和教学模式的创新。互联网教育不仅重塑了教育教学系统的结构，还改变了教育教学系统的过程与行为模式，从而使教育教学脱胎换骨。新技术在教育教学系统内部的扩散构成了教育系统变革的内部动力。

互联网实现了人类历史上前所未有的资源大整合，将全世界的知识和智慧整合在一个可以免费和共享的平台上，降低了人类获取知识和资源的成本，并开启了教育变革的大门。随着可穿戴技术在教育领域的不断运用和普及，以及数字化虚拟学习环境的实现，互联网将不断推动教育的变革。

二、教育系统内的共融共荣共促

互联网教育促进了国民教育与终身教育的融合，打通了社会教育与学校教育的壁垒，促进了教育公平，提高了教育质量。

（一）大数据时代互联网技术的革新迫使教育系统变革势在必行

当前，人类社会已经进入信息（知识）社会，互联网信息技术的迅猛发展促使社会和产业结构发生剧烈变化。社会的发展对个性化、多元化、创新型人才需求愈加迫切，教育目标、教师角色、学习环境、学习内容、学习方式等都已发生或正在发生着重大变化，人们对通过教育改变未来生活所寄予的希望日益迫切，教育变革比任何时候都显得更加重要。

信息社会是一个虚拟与真实交织在一起的世界，也是逐步走向智能和互联的世界。互联网将全世界的资源链接整合在一个平台上，并且这些资源是开

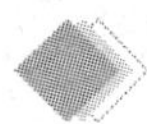

放、共享和免费的。特别是自2010年以来，“云课程”“慕课”“移动学习”“泛在学习”“翻转课堂”等新的教育形态一经问世便迅速遍及全球，引发了互联网教育变革的浪潮。互联网时代的教育与工厂流水线似的整齐划一的教育截然不同，个性化、虚拟现实、社区学习、分散合作式学习以及智慧教学等教学方式深入人心，“无时无处不在的学习”“一人一张课程表”“没有教室的学校”等新的教育形态不断涌现。

互联网技术革新迫使教育不再只具备工业化教育的传统职能，而是突破了学习时间、学习空间、学习内容、教师资源等限制，满足学习者的不同需要，从而更好地培养未来社会所需要的人才，以应对未来更加复杂的挑战。大数据、人工智能、移动互联网、云计算等新技术使世界各地的学校能够便捷地共享资源，打破了不同的学校之间、不同的学科之间的界限，教育的空间与机会得到了极大的拓展。时代的变迁和互联网技术革新迫使教育必须面对和思考如何在技术手段的支持下更好地针对学生个体的学习水平、性格、兴趣、特长等开展个性化教育。与此同时，互联网教育对教师提出了更高的要求，教师需要具备更加积极的态度、更具创新的理念。

笔者认为，互联网作为一种新生事物，在教育领域的应用可分为四个阶段。一是单项技术应用期，表现为技术和技术之间的关系。这主要体现在互联网等新技术作为教育工具初步在教育领域的运用，互联网和教育之间缺乏融合。二是综合技术的整合期，主要体现为平台和平台之间的关系。平台与平台之间的互联互通有利于加强资源的整合。三是使用者的连通期，主要体现在教师、学生对各种教育教学平台的使用。四是群体的涌现期，体现为教师和教师、教师和学生、学生和学生之间的关系，教联网以智能感知、即时互动为纽带，把教学环境、教学者和学习者紧密地联系在一起，使物和物、人和人、人和物之间紧密相连。整个教联网是一个教育生态系统，系统中的物和物、人和人、人和物都相互依存，呈现出自组织特征。从上述的四个阶段来看，电化教育、PPT课件等是工具与技术层面的变革，是单项技术的应用期；“三通两平台”、网络在线课程等是综合技术的整合期；“慕课”、“翻转课堂”等是教学模式的变革，是使用者的连通期；未来教育中教联网的实现将迎来群体的涌现期，实现互联网教育生态的形成。

（二）国民教育与终身教育的共融

国民教育体系主要包括学前教育、九年义务教育、高中教育、大学教育和职业教育。终身教育是面向社会全体成员终身的综合教育体系。通常来讲，终身教育市场分为五个部分：学前教育、基础教育、高等教育、企业培训、继续教育。对于不同的学习对象，互联网教育可以全面满足学习者的学习要求，按照不同学习者的年龄特征、学习要求，提供个性化的学习解决方案。互联网教育推动了国民教育与终身教育的融合，其主要是基于以下几点。

第一，大数据时代的互联网教育架起了教育共融的“时空之桥”。相对于国民教育体系而言，终身教育体系则是在此基础上进行了时间和空间上的延伸，涵盖了诸如家庭教育、学前教育、九年义务教育、高中教育、大学教育、社区教育、社会教育、职业培训、兴趣教育等各个方面的教育，从幼儿期、青少年期到成人期和老年期，贯穿人的一生。互联网教育可以创造无所不在的学习环境，学习者不受学校规模、年龄、地点的限制，只要愿意学习，只要有一台电脑，连接上互联网，就能学到想学的知识。互联网教育构建了一个任何人在任何时间、任何地点，学习任何知识的“泛在学习”新时空。

第二，大数据时代的互联网教育融汇了教学方式的“共通之桥”。在互联网教育中，可以采用混合多种学习模式的最优化学习方式。新技术背景下的互联网教育为学习者提供了可选的、多样的学习模式，使个性化学习成为可能，人类孜孜以求的因材施教的理想得以实现。“微学位”、数字化学校、数字化教室和数字化课程、翻转式课堂、游戏化学习、互动式新型媒体技术以及云平台、云计算、云教育等全新教育模式的出现，预示着互联网教育将实现教育从教学内容到教育方式的全方位转变。新技术也为信息时代的学习提供了交互式教学手段，使用流媒体和视频会议系统，教师可以把课堂教学搬到网络上；利用协同学习系统，学习者还可以通过网络提供的交流通信手段进行跨地域的协作学习，而这些在传统教学中是无法想象的。互联网教育的教学方式比较灵活。互联网教学由教师控制方式向学生控制方式转变。此外，也可以用 blend-learning（混合式学习）和 flexible learning（灵活学习）来描述互联网教育背景下多种学习模式并行的状态。互联网教育搭建了开放式立体化的学习框架。互联网教育为学习者提供了全天候的学习环境。互联网教育打破了权威对知识的垄断，使人人能够获取知识、使用知识、创造知识、分享知识。

第三，大数据时代的互联网教育搭建了衔接国民教育与终身教育的“立交桥”。随着学习型社会的建立和终身学习型社会体系的构建，互联网教育搭建了国民教育与终身学习教育体系的“立交桥”，如建立终身学习学分银行。学

分银行为每个人建立学分账号，学习者通过选修互联网教育课程得到学校的学分，无论是国民教育的学分还是终身教育的学分，都可以存入个人的互联网教育学分银行。建立弹性学习制度，方便快捷地共享学校教育与互联网教育及其他教育形式之间的学习成果。建立学分累计、互认和兑换制度，对学习者长时间、跨地域的学习进行持续的跟踪考核、评价记录、兑换成学分、有效积累。通过互联网教育管理服务平台的互联互通实现各种教育形式下学习成果互认、学分互认、自由转移，乃至随时兑换，将传统教育中的学历和文凭变为学历文凭与微学历、微文凭并行。

（三）社会教育体系与学校教育体系的共荣

1. 大数据时代的互联网教育是学校教育的有效补充

教育不再完全局限于教室与学校，而是开始突破学校的围墙，只要有网络的地方，都可以成为教学场所。互联网技术所提供的丰富的资源和交互手段使技术在教学中不再只是呈现信息的媒体，也不仅仅是个别化教学中控制学习过程的工具，而是成为一个可以开展自主学习、探索学习、协作学习的环境。互联网教育正在或已经成为学校教育的有机组成部分。

互联网教育也是学校教育的有效补充。无论是学前教育还是中小学、大学，借助互联网力量，可以有效补充学校教育在时间和空间上的局限。首先，大规模的网络在线课程（慕课）对学校教育形成了有效的补充，打破了学校教育中对学习时间和学习空间的限制，有效克服了学习者学习时间、学习方式、学习身份的限制，为全体社会成员提供了均等的受教育机会。其次，互联网尤其是移动互联网的发展促进了教学方法的变革，使教育从以教师为中心向以学生为中心转变、以课堂为主向互联网学习转变成为可能。可汗学院、翻转课堂、游戏化教学等新技术和新教育方式的出现推动了教育向分散化与协作化发展，颠覆了传统的班级授课制。

2. 社会教育历来就是互联网教育的重要实践领域

社会教育的对象除了在校的学生以外，还包括社会中的其他受教育对象。社会教育和学校教育只是教育整体中的两种教育形态。社会教育直接面向全社会，又以社会政治经济为背景，它比学校教育、家庭教育具有更广阔的活动余地，影响面更为广泛，更能有效地对整个社会发生积极作用。

学校教育只是每个人一生中学习中的一个阶段，而社会教育则贯穿人的一生。与社会教育相对应的社会学习贯穿人们的工作和日常生活之中，是更能获取知识与方法、更能解决实际问题、更有实际作用的学习。互联网信息技术的日新月异要求社会教育体系与学校教育体系同步发展。在信息（知识）时代，知识更新不断加快，单纯的学校教育已经不能满足人们对知识的需求。人们面临学习和工作的双重压力，“工学矛盾”日益突出。随着互联网教育的不断发展，越来越多的学习者选择在工作之余通过互联网在线学习来继续学习，以提升自身适应社会发展的能力。

此外，社会上不同身份、不同地位、不同知识水平的人都可以平等地享受互联网教育。社会教育正是在互联网教育的支撑下、在互联网信息技术的支撑下，突破了时间和空间的限制，成为互联网教育的重要实践领域。

3. 互联网教育产业促进社会教育体系与学校教育体系的融合

互联网教育产业也为社会教育和学校教育架起了沟通的桥梁。随着科学技术的日新月异，学习显得越来越重要。虽然学习者从学校毕业之后还有机会再接受学校教育，但是更多的学习机会还是走入社会后，依靠社会教育来获得的。互联网教育产业的发展为社会教育体系与学校教育体系的融合架起了桥梁。互联网教育企业开发的网络课程或教育教学服务，以社会教育的形态，对学校教育进行有效补充。比如，在安徽师范大学学习教育学就很难提供华中师范大学教育学、北京师范大学教育学、华东师范大学教育学等优秀师资的课程。在这种情况下，互联网就可以把全国最优秀的教育学师资和课程提供给全社会。

我国教育面临的最大问题是没有培养出更多的创新人才，依靠现有的学校体系小修小补地改变现有的人才培养方式还是很有局限性的。互联网教育对创新人才的培养起着重大的促进作用，能够带来教育理念、观念和思维方式的变革。在互联网教育背景下，每个人都是教育的生产者，都可以传播知识与信息，每个人又都是教育的消费者，因为每个人都需要被教育。通过互联网教育，社会教育体系与学校教育体系实现融合与互补，社会教育对学校教育给予了有力的支持。

（四）教育公平与教育质量的共促

公平与质量是教育改革发展的两大重点。“发展更高质量更加公平的教育”，是2016年政府工作报告提出的重点工作之一。教育变革的关键是提高教育质量，促进教育公平。教育改革的关注焦点集中在“推进教育公平”与“提高教育质量”两个方面。教育公平不仅关乎社会正义，还会极大地影响社会经济发展；教育机会平等或起点公平固然重要，但结果公平更是教育公平的要义。教育公平与教育质量相辅相成、不可割裂。

1.“教育公平”应成为教育变革的“重中之重”和优先发展目标

在我国，区域之间、城乡之间、学校之间、班级之间、不同家庭背景群体之间，学生成绩差距仍然普遍存在，甚至还在不断扩大。这些成绩差距的长期存在影响了教育公平，加剧了社会对教育的不满，还会引发新的社会问题和社会矛盾。从长远来看，成绩差距会严重影响国民素质开发，导致中国大量劳动力难以适应新的产业发展需求，无法迎接全球化挑战。因此，缩小学生之间的成绩差距对促进教育公平、实现社会和谐、促进经济可持续发展具有重大的战略意义。

《国家中长期教育改革和发展规划纲要（2010—2020 年）》中强调：百年大计，教育为本。教育是民族振兴、社会进步的基石，是提高国民素质、促进人的全面发展的根本途径，寄托着亿万家庭对美好生活的期盼。强国必先强教。这反映了国家对教育战略地位的高度重视。作为人口众多的发展中国家，推进教育事业改革和发展是一个长期而艰巨的任务。在当前特定的历史时期，立足现实又要面向未来，教育公平应成为教育改革与发展的重中之重。教育公平是社会公平与正义的要求，而更公平的教育将成为经济发展的重要引擎和核心要素。教育公平应成为教育变革最重要、最优先的发展目标。

2. 互联网教育背景下的教育公平和教育质量

互联网教育打破了传统教育中学校和机构对教育的垄断，未来的教育不再局限于学校内，而是面向整个社会。从《国家中长期教育改革和发展规划纲要（2010—2020 年）》中可以看出，国家明确了利用互联网等信息技术来推进教育公平、提高教育质量的发展方向。为更好地贯彻规划的思路、保障规划目标的实现，应进一步明确教育信息化建设的路线图，围绕当前及未来的核心目标，有重点、分步骤、按计划开展教育信息化建设，推进以信息技术为核心的教育科技应用与普及，发挥教育科技促进教育创新与发展的巨大潜力。

美国教育科技的推进过程可以为我们提供有益的启发，其利用互联网新技术推动教育改革与发展的思路集中体现在以下几个方面：1996 年提出重点关注教育信息化基础设施建设；2000 年提出关注信息技术设备在教学中的利用率，支持并鼓励学生随时随地应用信息技术；2004 年提出关注技术文化、NCLB 法案对教育技术的外部推动，强调基于已取得的成功经验与案例、美国学生已具备的良好技术读写能力等方面。美国教育技术应用已驶入快车道，推动美国教育迈向黄金时代。从关注基础设施到关注实践应用、关注社会文化等内外部环境影响，再到关注具体应用领域与绩效等，这些反映了美国在不同时期关注的重点是有所不同的，其具体策略也各有区别。需要特别注意的是，这些策略都强调技术对推进教育公平、提升教育质量的重要作用。

从教育公平的角度出发，互联网教育是实现教育公平的有效途径和方式。在我国教育发展的现阶段，仍存在教育资源紧缺、分配不均衡、配置不合理的现象。政府认识到利用互联网教育来促进教育公平的重要作用，并采取了一系列举措。在中央财政投入中列支专项资金用于支持西部地区互联网教育扶贫工程，投入巨额资金，加速西部地区高校校园网建设。互联网教育将全球优质的教学资源进行共享，打破了学校之间的隔墙。不同背景、不同学科、不同层次、不同需求的学生全部涌入这一巨型“大课堂”，成为学习新时空的同学。互联网教育的开放性和平等性缩小了中国东、西部地区之间，城市学校和边远地区、农村学校之间在教育上的差距，也拉近了全世界学习者之间的距离，可以说实施互联网教育将持续有效地促进中国教育的公平。

从教育质量的角度出发，互联网教育在推动教育公平的过程中通过个性化、定制化的学习，提升了教育质量。互联网教育拥有“定制化”的特点，学习者可以根据自己的时间、需求、学习情况，定制符合个人需求的学习内容，这是对更高层次的教育公平的追求，也是实现教育质量提升的有效途径和方式。互联网教育还可以实现从以知识传授为主的教学方式向以提高创新能力、实现学习者全面自由发展为主的教学方式转变，转变学生的学习方式，增强学生学习能力，培养学生高阶思维能力，全面提升教育质量。我国当前教育发展的核心是教育公平与教育质量问题。作为教育信息化进程中的互联网教育，应该紧紧围绕核心目标来发展，通过不断推进教育公平，普遍提高学生的学业水平，缩小学生的成绩差距，有效挖掘人力资源潜力。为了面对未来的挑战、满足未来社会对教育的期望，兼顾教育公平与教育质量应成为公共教育的基本价值取向。

三、大数据时代的互联网教育产业为教育变革提供动力

基于大数据的互联网技术引发教育领域的重大变革。互联网教育作为教育信息化进程中的一种主要教育形态，是依托云计算、大数据、多媒体等信息技术手段，它以互联网为介质进行的教学活动。互联网教育产业随着互联网教育的发展而不断发展。近年来，随着互联网技术的发展和互联网应用的日益普及，互联网正日益改变着人们的生产生活方式，并越来越多地被运用到教育上。

（一）互联网教育产业资本驱动教育行业高速发展

不管是国外的互联网教育产业，还是国内的互联网教育产业，均从资本的角度推动了教育行业的高速发展。

美国作为互联网技术的研发地，是互联网技术大规模使用的最早受益者，互联网教育也最先在美国得到探索和推广。以美国为代表的国外互联网产业发达国家，经过 20 多年的发展，其互联网教育已形成具有相当规模、产业链条比较完整的成熟产业。互联网教育甚至已成为一些国家教育产业的主流，对其教育变革产生了举足轻重的影响。以美国为例，统计报告显示，2017 年美国教育市场总规模达到 18055 亿元，在互联网教育领域，美国市场在全球的占比达到 25.68%，在全球处于领军地位。与此同时，美国互联网教育产业也形成了自身鲜明的特色，即以教育资源共享和教学平台为主，形成 K12 教育、高等教育和公司培训三大领域，提供平台搭建、数据分析、教学评估等全链条的技术与配套服务。互联网教育的蓬勃发展吸引了越来越多的学生、教师、投资机构。除了美国互联网公司以外，欧洲大陆也有很多冉冉升起的互联网教育公司。调查显示，英国每 4 个年轻人中就有 1 个接受过家教等课外辅导。互联网教育使为学生提供高质量、一对一的在线教育成为可能。在美国互联网教育产业发展的带动和影响下，亚洲成为互联网教育市场发展最快的地区。EdSurge 的分析数据显示，亚洲占到全球电子学习市场的 25%。此外，移动学习、机器学习等互联网教育产业也得到了快速发展。

以韩国为例，领先的互联网宽带速率和全球顶尖的电子产品技术为网络教育的发展普及提供了重要条件。韩国高度重视互联网教育，将互联网教育提升到国家发展的战略高度，视为保障每个公民平等学习机会的重要途径。由韩国政府出资成立的EBS公司免费提供网络教育视频，以期培养国民良好的互联网学习习惯。新浪教育与尼尔森联合推出的关于《中国在线教育调查报告》显示：中国互联网教育包括各类大学网络课程、中小学课外辅导、英语等语言教育、职业教育、研究生入学考试培训、出国留学考试培训、公务员考试培训等，初步估计已覆盖两亿多人，在花费超过500元的在职学习人群中，40%投入了互联网教育。

（二）互联网教育产业的商业模式促进教育公平

互联网教育新业态的主要特征表现为不受时间空间限制的教育条件、融合学生自学与师生互动的教育方式以及共享各种开放优质的教育资源。这些都得益于互联网教育产业的商业模式，目前互联网教育主要采用收费、免费、收费免费相混合的三种商业模式。互联网教育采用收费模式比较多，目前收费模式主要有两种：一是从受教育者那里收取会员费，二是付费课程。对于付费课程，目前主要是针对K12教育和一些语言培训，而对于一般性的课程资源，互联网教育多以免费的模式出现，因为在互联网教育产业中，免费模式为互联网教育产业推动教育变革提供了强大的动力，因为互联网教育的免费模式能吸引关注度，从而提升网站的关注度。在学习者免费获取资源的过程中，免费并不代表互联网教育网站没有盈利模式，免费是针对学习者而言的，而对于互联网教育网站来说，盈利则来自入驻网站的机构和个人。

目前，全球教育仍存在教育资源区域分配不均衡、配置不合理的现象。互联网教育正好为解决世界范围内的教育公平问题提供了思路和平台。免费是互联网最主要的特征之一，互联网企业都把免费作为占领市场的策略。同样，互联网教育也因为免费的特征促进了教育的公平。互联网教育能够实现信息的实时交互和资源共享，为世界上不同国家、民族和地区的学习者提供免费的教育资源。

1.MOOC带来高等教育领域教育公平的新机遇

MOOC是“Massive Open Online Courses”的缩写，在中国被音译为“慕课”，正式文字称谓是“大规模开放式在线课程”，它是互联网信息技术与教育资源相结合以满足个体化学习的时代产物。近年来，大规模在线开放课程在世界范围内迅速兴起。具体来说，MOOC是在大数据、人工智能和云计算等先进的互联网信息技术的基础之上，综合社交互动、在线学习、数据分析等功能的新课程模式。可汗学院、大数据、微课堂、微学分、微学位、反转式课堂、游戏化教学等新技术和新教育方式的出现颠覆了互联网在传统教育中的运用。

随着最具代表性的Udacity、Coursera以及edX三大标志性MOOC平台的顺利构建，2012年成为“慕课”发展元年。高等教育互联网化解决的是教育公平问题，MOOC可以在很大程度上解决这一问题。MOOC的主要模式为名校公开课，哈佛、斯坦福、清华、北大、复旦等全球知名高校在线开放代表性课程，部分MOOC平台甚至可以获得学分或在线学位。

简单地把线下课堂录制拍摄好再放到互联网上绝不是线上教学，在线课程需要针对互联网及线上学习者的特征进行专门的课程设计，强调以微课程、微专业的形式实现以高清视频课程为核心，辅以递进课程体系、线上学习活动、知识点拓展、可下载资源、线上线下互动等多种导学措施贯穿课程始终的学习模式，引导学生成为课堂主角，自主学习，合作探究，高效、高质量地掌握所学知识。

2. 基于大数据的互联网教育推动高校教育市场的细分与拓展

在信息时代和开放环境下，知识更新换代速度日益加快，社会对知识技能型人才的需求越来越强烈，只有加强职业教育，才能适应时代要求，这是大势所趋，也是实际需要。各领域人才主动接受职业技能培训的意愿日益强烈，他们具备一定的工作基础，在各方面有所积累，对互联网教育具备足够的付费能力。互联网教育如能进一步与企业结合，发挥自身教育用户群体清晰、盈利模式成熟的优势，探索“互联网+教育+就业”一站式资源整合模式，将具备良好的市场前景。

第一，职业教育导向性更强。参加职业教育的学员往往目标十分明确，有的是为了求职，有的是为了在工作中学习新技能，也有的是为了参加某门课程的考试。如果学习者通过职业教育达到了预期的目标，学习者就可能会在微博、微信或者论坛里传播，从而使该职业教育品牌具有较好的口碑。

第二，职业教育可以高薪聘请优秀教师授课，通过规模效应收取合理费用；学员方面，参加职业教育的学员一般为参加工作的上班族，他们往往有较高的支付能力来承担学费。目前，职业教育主要集中在CPA培训、公务员培训、CFA培训、各种外语的语言学习培训、医学资格证书培训等方面。部分职业教育通过与招聘者合作，实现了教育与就业的无缝衔接，利用互联网的传播优势，开启了职业教育互联网化的新篇章。

第三，职业教育的需求空间更大。虽然职业培训的付费较高，但在职的学习者因为工作原因，对时间、空间的要求较高，很多在职人员没有时间学习，而互联网教育正好解决了在职工作者的这一问题，因此不少学习者选择了互联网教育的在线职业培训。职业教育是在线教育竞争最激烈的领域，也是前景最被看好的细分市场。据调查，以技能培训和学历教育为主，尤其是公务员考试培训、财务会计类的资格证书、IT 编程与各种资格任职和英语培训等是职业教育中的热点，相比于线下，线上的职业教育具有更多的便利性和更大的优惠性。职业教育的细分市场以掌握技能、促进就业为主要目的，因此互联网教育中的在线职业教育领域拥有较大的发展空间。

互联网教育产业在职业教育方面，尤其是在农民工再培训体系和城市蓝、白领的互联网教育方面可以更好地促进教育公平。立足我国当前的国情，在城市化进程中，有很多农民工进入城市，他们是未来互联网教育的最大受益者。在传统的工业社会，大规模流水线式的生产对从业者的知识与技能的要求不高，但随着信息社会对创造型高素质人才的需求和企业的转型升级，农民工的现有知识与技能已不能满足企业的需要，急需培训提高。互联网教育能帮助他们学习他们想要学的技能，提升其工作能力。同样，城市中的蓝领、白领对技能的培训需求也随着工作的不断变化而不断更新，这些都可以采用互联网教育的方式来解决，配合线下的实训与实习，效果会更好。

不管是收费、免费还是收费免费相混合的商业模式，不管是在基础教育领域，还是在高等教育、职业教育领域，互联网教育都打破了传统教育机构对教育的垄断，让每一个学习者不管身在何地都可以平等享用互联网上的资源。互联网教育增加了人们受教育的机会，互联网让教育不再单纯地面向学校里的学习者，而是面向整个社会各个阶层、各个年龄阶段、各个职业的学习者，哪怕是生活在最边远、最贫穷的地区，人们也可以通过互联网教育获得免费且优质的教育资源，实现教育机会均等，从而有利于实现教育公平。

（三）互联网教育产业链增强了教育产业之间的吸附性

产业链是经济学和产业经济学中的一个概念，描述的是一种具有内在联系的企业群结构。位于产业链的企业之间有着同一产品生产的上、下游关系，或者说可实现彼此的内容或服务交换。

在传统的教育产业链中，教师扮演内容提供商的角色，学校扮演渠道商的角色，而广大学生则扮演购买者角色。在互联网教育产业链中，教师和学生被

互联网直接联系在一起，形成新的发展业态，互联网教育部分替代了传统渠道商和内容提供商，在线培训学校部分替代了线下培训学校，线上教师替代了线下的教师。

互联网教育可以理解为教育网络化、市场化、产业化的过程，巨大的互联网教育市场吸引了越来越多的社会角色的参与，进而形成了一条相对完整的产业链。产业链上的各类角色相互支持、相互影响，共同促进互联网教育产业发展。互联网教育产业链可分为以下五类。

1. 机构

互联网教育的本质是“教育”，而教育资源往往都为教育机构所掌握，所以在教育产业链中，教育机构处于上游位置。中国的各类教育机构，诸如各类大中小学、培训机构等，它们凭借自身拥有的师资力量和教育口碑，在互联网教育产业链中处于优势地位。

2. 内容

受众参与线上教育，其目的是学到更好的学习内容，也就是说好的教学内容和资源是所有互联网教育平台都需要的资源。互联网教育产业越往后发展，内容为王的倾向将越发明显。内容资源包括视频音频课程、培训讲义、习题试题等内容。一部分内容提供商成为独立的教育培训机构，另外一部分内容提供商是专业从事教育内容生产的独立机构。基于移动终端的教育产品在市场上更有优势，与 PC 端相比，移动教育能借助移动设备的触感、语音输出等方式，提供个性化的学习场景，实现人机交互，提升学习本身的趣味性。对题库类、数字阅读类、音频类等相对乏味的教学过程，通过开发在线教育产品，从移动端切入，寓教于乐。此外，数据技术有助于改善在线教育体验。在线教育平台通过大数据挖掘技术，跟踪用户学习过程，掌握用户教育水平、收入、消费等情况，帮助了解用户真实需求和学习动机，精准定位，推荐定制化内容，从而提高平台的商业变现能力。

3. 平台

平台提供商是互联网教育产业发展的重要助推器。有媒体称，是互联网教育平台的发展点燃了互联网教育的第一把火。BAT、YY 教育、网易公开课等平台，都倾情于教育平台运营。

4. 技术

互联网教育的产业化发展离不开教育内容的产品化。近年我国涌现出许多针对在线教育的产品，如虚拟教室、远程培训、在线考试、培训管理等，也出现了一批提供教育互联网一站式的方案解决商。尽管推动互联网教育产品创新的企业在数量上有所增加，但真正在技术、商业模式、产品等方面形成创新解决方案的企业还不多。

5. 用户

用户不仅是互联网教育的受益者，也是互联网教育产业链中的消费者。互联网教育以其便捷性、经济性、灵活性吸引了越来越多的用户，其市场前景值得期待。如何把互联网教育产品推向市场，让用户接受互联网教育，接受互联网教育产品，就需要互联网教育产品提供商去调动和挖掘潜在的用户资源。同时，面对激烈的市场竞争，互联网教育受众可供选择的空间增大，既可以在传统教育与互联网教育中选择，也可以在不同的互联网教育提供商中选择。怎样吸引用户，如何留住用户，需要每一个互联网教育提供商在改进服务、优化服务等方面下功夫。赢得用户的互联网教育企业才能在市场中占据一席之地。

归根结底，基于大数据的互联网教育产业链就是由教育、互联网、用户三大要素构成的产业链条。实施教育是互联网教育产业发展的本质，是产业的落脚点；互联网是技术手段，是互联网教育产业发展的平台；用户是核心，也是互联网教育产业的受众。当前，互联网教育产业的各类角色在发展过程中不断融合渗透。随着信息时代的深入发展，互联网教育必然会发展壮大。加快互联网教育产业发展，让更多人享用互联网教育，为用户带来更多价值是互联网教育企业最终的目标。互联网教育以科技创新为手段，以互联网技术为工具，来推动教育的普及与进步。互联网教育产业链的延伸不仅能使教育产业之间的吸附性加强，还可以增加教育产业的科技含量，提高附加值。

第二节　大数据时代教育管理模式的变革

大数据技术建立在数据的搜集、存储和分析能力有了跨越式发展的基础之上，已经渗透到每一个行业和业务职能领域，逐渐成为重要的生产要素。随着

移动网速的快速提升，以及云计算和物联网应用的普及，更多的传感设备和移动终端接入互联网，设备之间实现了前所未有的互联互通，由此产生的数据不可估量。在高等教育领域，教与学的活动也会产生海量数据，如何有效挖掘数据背后隐藏的价值，分析并利用这些数据来提高教学效果是当今教育界研究的热点问题。

一、教育大数据的来源

大数据时代的一个显著特征是从数据中寻找答案，用数据说话，它的战略意义不在于掌握庞大数据的显性信息，而在于对海量数据背后隐藏的信息进行有效的分析和利用。

统观整个高等教育过程，高等教育大数据的来源主要有传统的非电子形式的文档、学校各种信息系统、大学在线课程平台、社会开放学习平台及公开的网站、教育行政管理有关部门等。从微观个体看，当前教育大数据主要来源于在线教育平台，研究人员利用这些平台可以较容易地获取学习者感兴趣或与学习活动有关的数据，从而帮助授课教师发现效果较好的教学方法。研究者希望通过分析这些平台上的大数据，精准地“测量”学生各门课程的学习进度和效果。教学管理部门需要监控教学质量，及时得到教学过程数据反馈，以评估教学效果并及时对教学方法进行必要的调整。

二、教育大数据分析与处理过程

教育大数据分析技术源于大数据在商业领域的应用，如电商平台根据用户的浏览痕迹来推测用户对产品的偏好。目前，教育领域常见的大数据应用是以学生群体为主，借助网络在线平台或移动终端，跟踪、挖掘和分析学生学习的整个过程。视频教学和师生间的网络互动交流将成为未来教育的重要形式。在线教育平台记录学生学习过程中产生的数据，并对学生的教育规划进行有依据、智能化的指导，从而帮助学生提高学习的质量和效率。从已有经验来看，在教育大数据中，结构化的数据约占 15%，非结构化的数据（用户评论、交互记录、位置、图片、音频、视频等）约占 85%。数据挖掘和深度学习等技术是教育大数据分析的基础，可视化是数据分析结果呈现的关键。

教育大数据处理步骤通常可以用图 5-1 来表示：开始是获取数据，判断数据类型并根据是否是结构化数据进行分类处理，并统一存储在关系数据库中，然后创建数据仓库，进行联机分析处理，最后根据不同的应用目的生成报告，以帮助学习者或教育管理部门对学习或教育过程进行改进。

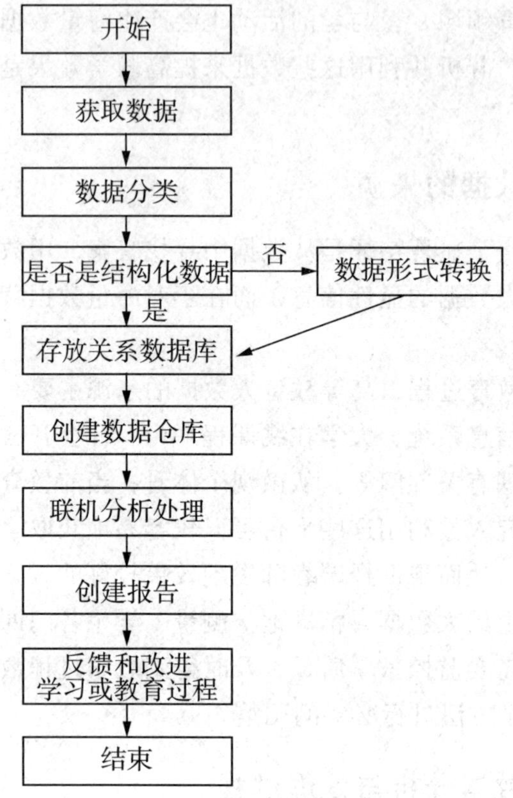

图 5-1 教育大数据处理步骤

三、大数据时代教育管理模式变革的积极影响

大数据为高校数据采集、治理模式、教学模式、考核评估等方面带来了积极的影响。

（一）数据采集：关注过程、关注微观

因局限于技术、人力和物力，传统高校数据采集主要以管理类、结构化和结果性的数据为重点，关注教育整体发展情况，这种反馈机制在一定程度上对高校教育决策、规章制度的制定起到了积极的作用。但是，其对于学生、教师、科研的实时掌握还远远不够，对于不好的结果也不能提前预测和预防，大多是事后补救，从而使高校教育管理处于被动局面。随着大数据技术强力渗透

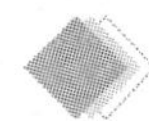

到各行各业，高校教育数据的采集面临着新的变革。互联网、物联网和大数据技术支撑下的高校智慧校园不但在采集数据的数量上超过传统高校，而且在数据的质量及数据的价值方面都具有传统高校数据所不可比拟的优势。高校教育管理大数据具有非结构化、动态化、过程化及微观化的特点，处理程序更加复杂、深入和多元化。学生的学、教师的教，一切活动都有据可查。数据流源源不断地在数据分析师的头脑中加工，产生源源不断的智慧流，从而促进高校教育管理更加科学化、人性化。然而，由于高校教育管理对象及活动的复杂性，再加上缺乏商业领域标准化业务流程，高校教育管理大数据的采集活动呈现复杂性的特点。在高校教育管理大数据的分析中，要特别强调因果关系，虽然国际大数据专家舍恩伯格（Schönberger）认为更应重视相关关系，但是教育是以培养人为根本目标的，它不同于商业数据，无须追根溯源。教育大数据不仅要"知其然"，更要"知其所以然"。通过技术分析和处理，挖掘高校教育管理大数据所体现的规律及揭示问题背后的根本原因，最终寻找破解之道和应对良策，从而更好地提升高校教与学的活动效果。

（二）治理模式：民主治理、集思广益

SAS 及《哈佛商业评论》调研结果显示：700 名参与调研的高层管理者中，75% 的人认为他们在进行决策时依赖数据分析；40% 的人认为采用数据分析的结果进行决策，提升了他们工作的重要程度以及在企业中的地位。

大数据时代，高校决策模式、治理模式都将面临转型。传统高校治理属于"精英治理"，受限于校园信息化程度和智能化程度，学校各项事业发展方案、措施、策略等不能广泛传达至师生，民主意识较强的管理者顶多召开一个小范围的研讨会，或者以开会的形式传达，而这种正式会议过于严肃和拘谨，缺乏自由、轻松的氛围，不利于异质声音的表达，这也就意味着不能将群众的真正声音传递到决策者耳中。而在以互联网、物联网、云计算、大数据及移动终端为技术支撑的智慧校园中，可以实现高校由"管理"向"治理"的转变，从而更好地实现治理的民主化、科学化，优势如下：一是收集有利于学校发展、各项业务完善的群众智慧；二是传达学校发展战略、思路，形成上下合力；三是拉近干群距离，将各种矛盾化解在萌芽状态；四是决策处处留痕，实现阳光政务，防止权力"任性"，促进决策的规范化、科学化。

（三）教学模式：及时反馈、因材施教

利用大数据技术开展翻转课堂教学改革或在线教育是当前高校教育管理变革的重要内容。高校学生数量庞大，是运用信息技术的主要群体，也是高校教育管理大数据的重要生产者和使用者。可以根据学习平台上不同学生对各个知识点的不同用时、不同反应确定要重点强调的知识和决定不同的讲述方式。大数据教学有两大优势：一是私人定制；二是大规模个性定制。私人定制即借助适应性学习软件，通过相关算法分析个人需求，为每一名学生创建“个人播放列表”，且这种学习的内容是动态的。通过大数据分析，对提高学生个体学业成绩需要实施的行为作出预测，决定如何选择教材、采取什么样的教学风格和反馈机制等。大规模个性定制指根据学生差异对大规模学生进行分组，通过相同测验，有更多相似性的学生会被分在一组，相同组别的学生也会使用相同的教材。大规模个性定制教育的成本并不比批量教育成本高出许多。吴恩达在2011年将其课程搬上互联网之后，注册的学生突破10万人，其中有4.6万人确定开始了课堂学习，并提交了作业。在为期4个月的课程结束后，有1.3万人因成绩合格而获得了结业证书，课堂结业率看起来相当低，而其他网络课堂的结业率甚至只有5%。Coursera上现有60多所不同的大学提供在线课堂，300种以上的免费大型公开在线课程，吸引了全球300多万学生和成年学习者参加，课程包括计算机科学、数学和工程专业、诗歌、历史等学科。中国大学MOOC（慕课）通过率只有3.72%，与传统实体大学相比，MOOC是否是一个失败的新鲜事物呢？其实，即使只有很低的结业率，其通过的总人数还是凭借传统的教学手段所无法企及的。哈佛大学在线教育负责人认为，在线教育的浪潮是继印刷术发明之后，教育领域面临的最大变革。人类教育由古代学徒制到近现代的学校教育，再到在线教育，反映了教育形式的螺旋上升，既解决了教育产品量的问题，又很好地解决了教育产品质的问题。大数据的教育潜力很大，运用前景广阔。以行为评价和学习诱导为特点的在线教育平台仅是影响高校教育的“冰山一角”。

（四）考核评估：动态评估、全面多维

大数据促进高校教育管理评估从注重经验向注重数据转变，从注重模糊宏观向注重精准微观转变，从注重结果向注重过程转变。高校教学活动是大数据评估最常用的领域，从广义上理解，高校大数据应是人类学、社会学、社会关

系学背景下的大数据。高校内部大数据系统一定要与外部社会大数据系统建立融合关系或者链接关系，这样才可能从知识、情感、能力、道德等角度全方位、多维度地了解学生，制定人性化发展方案，更好地实现以素质为中心的教育宗旨，从而更好地培养符合社会需求的高水平专门人才。首先，高校利用大数据技术，对人才培养、产业发展及社会信息等数据的采集要提前布局，要有连续的数据支撑，每个地区的生源情况、就业情况要有长期连续的动态数据，这样才能从中预测经济发展、社会人才需求、高等教育未来发展趋势等，及时调整学校发展战略，促进人才培养模式改革。其次，大数据技术可以实现考核评估的革命性转变，高校教育管理者利用回归分析、关联规则挖掘等方法帮助教师对学生学习状况、思想状况、社交状况等进行全方位的掌握，关注学生成长的过程，实现评价的全方位和立体化，从而优化教育管理策略，提高教育管理效果。哈佛大学 2011 年研发的学习分析系统是一种基于云计算的学习分析系统，包括数据采集、数据存储、数据分析和数据呈现几个模块，其能将学生学习的相关数据进行分析后可视化，并实时呈现到教师的设备屏幕上，以便教师对课堂教学进行及时调控。最后，利用大数据技术可以建立起教师科研、教学的预警机制，对教学质量监控、科研趋势等设置报警区域，当达到设定的阈值时，系统会自动报警，提醒管理人员重点关注一些教师。基于大数据技术，创新高校教育教学评估体系，使之更加多元化、智能化、个性化，实现由传统基于分数的评价向基于大数据的评价转变，由传统的结果评价向过程评价转变。

第三节　大数据时代教师数据素养模型的构建

数据素养是一种比较复杂的系统化的综合能力，涉及很多学科领域。数据素养的关键因素主要集中在数学统计和计算机领域，批判性思维则贯穿数据处理的整个过程。

教育数据背后隐藏的信息能够客观地反映出教育中的潜在现象和存在的问题，其是教师制定科学的教育教学方案、实施教育教学决策的重要根据。当学校充满了电子表格、报告、个人档案、书籍以及调查数据库时，教师需要科学合理地运用这些数据。要解决如何深入地了解学生、了解之后又需要做什么、对谁做等一系列问题，只有当教师具备了一定的数据素养时，才有可能“让数据来说话”。关于教师数据素养的概念，国内外研究者提出了各自的观点和看法，有学者将教师数据素养视为一种综合性能力，也有一些学者认为教师数据素养是一种内在的意识，还有学者认为教师数据素养就是教师对教育数据的操作技能，强调对技术的应用。

通过对国内外教师数据素养模型的分析，本书提出了国内教师数据素养的通用模型，该模型将教师数据素养分为意识态度层、基础知识层、核心技能层以及思维方法层，如图 5-2 所示。

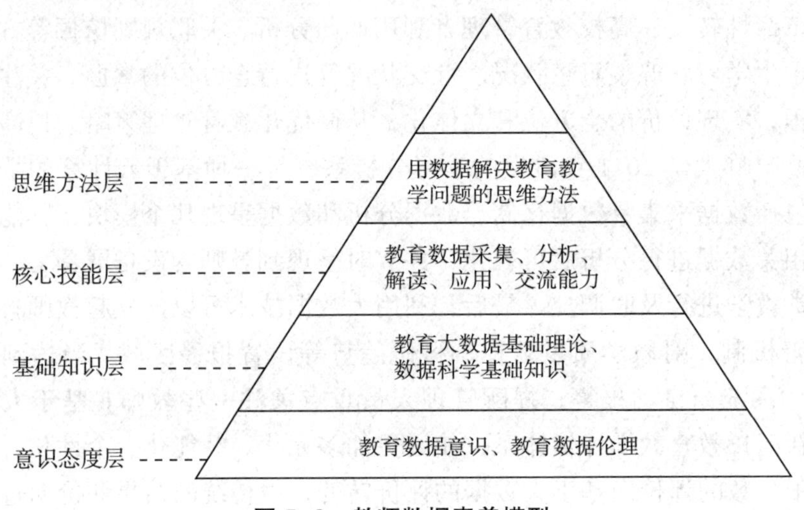

图 5-2　教师数据素养模型

一、意识态度层

意识态度包括教育数据意识和教育数据伦理。大数据时代，教育数据意识是教师利用数据优化教学的前提和动力。教师的数据意识是一种扩展意识，是指教师在进行与教育数据有关的活动时所产生的一系列感受，以及基于这种感受积累所形成的对教育数据的觉知力，具体包括数据敏感度、数据价值意识、数据保存与辨别意识、数据更新与共享意识、数据安全与保密意识。

此外，教师在教育数据应用过程中要遵守相关的法律、法规、数据提供方的规定以及一些约定俗成的规则；要尊重数据源，不得违规买卖任何教育数据，不能侵犯个人、单位、机构、社会、国家的教育数据隐私；要具有教育数

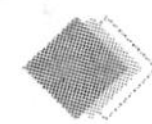

据道德责任意识，要对不良、违法、违规的教育数据及使用行为进行监督和管理。

二、基础知识层

教师数据素养基础知识包括教育大数据以及数据科学两方面的知识。教师需要从理论层面对教育大数据有深刻的认识和理解，掌握有关教育大数据的基础知识，包括教育大数据的概念、特征，教育大数据的相关政策、动态、趋势以及教育大数据的采集、挖掘、应用等。教师还要掌握相关的数据科学知识，如数据的类型、结构统计、分析、归类等。通过基础知识的学习，教师要能够了解教育大数据的采集与处理方式，能够识别不同类型的教育数据，并且辨别教育数据的结构类型，了解各种教育数据源及其获取方式，要能够对数据的质量和价值做出基本评估，了解不同数据结果的呈现形态，并能够选择出最适合的呈现方式，掌握数据驱动教育变革的相关知识、理论、框架等。

三、核心技能层

核心技能是指教师对数据的实际操作能力，主要包括教师对教育数据的采集、分析、解读、应用和交流能力。大数据环境下，数据驱动的教学范式涉及教学的各个方面，教师需要通过数据隐含的信息来设计教学方案，提高教育质量。因此，在现实的教学工作中，教师只有具备一定的数据操作能力，才能为数据驱动教学提供一定的实施条件。

数据采集能力是教师数据素养核心技能的基础，教师对教育数据的采集带有目的性、选择性。对于已经存在的数据，教师需要具备从常见的数据库中获取数据的能力，如从所在单位的教学系统中下载、导出数据。对于不能直接从现有数据源获取的数据，教师要能够设计合理的教学活动或教育评估方式，科学、规范地获取数据，如设计学习评估量表、观察学生的相关行为并进行记录等。教师还要具备数据采集工具的选择和使用能力，采集不同的教育数据需采用不同的采集方式和工具。教育大数据常见的数据采集工具有录音笔、录像机、高拍仪、监控设备、教学管理系统等常规采集工具，以及以教育机器人、智能穿戴设备、物联感知系统为代表的新型采集工具。

数据分析能力是指将教育数据转化为对教学有帮助的信息的能力。首先，在分析数据前，教师要具备根据实际教学问题确定所要分析的数据对象和数据边界的能力；其次，要能够根据获得的数据类型、结构、分析目的以及实际的教学条件，选择最适当的数据分析工具；最后，要能够按照一定的数据分析原理，对数据进行整合、拆分、对比、关联、增维、降维等，并得出有用的教学信息。

数据解读要求教师能够构建教育数据与实际教学之间的意义关联。当教师面临简单的教育数据时，要能够凭借自身的判断力和逻辑推理，结合相关的数据分析知识，对眼前数据所包含的潜在信息进行正确解释，理解数据背后隐藏的有意义的信息。对于复杂数据经过分析所呈现的数据分析结果，教师要能够做出专业的解释，客观、准确地表达出数据分析结果所呈现的相关信息并给出结论。

数据应用能力是指教师通过教育数据来解决实际问题的能力，即当教师在教育教学中遇到困难或需要解决问题时，能够积极主动地、有意识地通过相关教育数据的分析走出当下的困境。具备教育数据应用能力的教师，应当将“拿数据说话”“用数据解决问题”视为一种教学的方法或范式，融入自己教学工作的方方面面，并以此来推进教学。具体说，教师要具备利用数据进行教学设计、教学实践、教学评估、教学反思、教学决策的能力。

数据交流能力指的是教师利用数据与教育相关共同体进行沟通的能力。这种交流主要包括以下两个方面：①与学生和家长交流。一方面，教师要能够使用数据来告知学生有关自己的学习进展、学习水平等信息，让学生对自己的学习状态有客观、全面的理解和认识，以便开展下一步学习计划；另一方面，教师还要用数据来对学生的学习成长进行专业描述，以客观合理的方式与家长进行交流，并建议家长根据数据所反映出的信息对孩子进行个性化的家庭教育。②与同事、领导和自身的交流。教师要能够使用数据形成自己的教学日志或报告，这些数据报告能够有效反映出教师教学的过程、效果和经验。一方面，教师要能够使用数据与同事进行交流，以促进教师间的有效协作和互相学习；另一方面，要能够使领导者更清楚地了解教师的工作现状。此外，教师也可以基于数据对自己的教学进行客观的总结和反思。

四、思维方法层

思维方法即教师通过数据驱动的教学研究和实践逐渐形成的用数据解决教学问题的思维方法，具体包括问题导向思维、量化互联思维、创新变革思维、

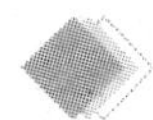

辩证批判思维。

（1）问题导向思维。一般的教学活动都是在解决问题的过程中来实现教学目标的。在数据驱动的教学范式下，具备数据素养的教师能够有意识地从教育数据中发现教学问题，并以问题为导向来施行下一步的教学计划，调整教学策略，对学生进行干预指导。

（2）量化互联思维。量化互联思维下的教学要能够假设事物与现象的各种特征、关系，并能够用数据合理地表示，再通过数学逻辑和分析揭示事物与现象的关系。在该思维引导下，教师要能够转变依靠习惯和经验实施教学的工作模式，把教育要求和行为规范的内容量化为一定的分值，然后对学生进行考核记分。

（3）创新变革思维。教育大数据目前还处于一个融合发展阶段，教师要逐渐形成利用数据进行教学创新和教学变革的思维模式。比如，当教师遇到教学难题时，不能只停留在被动查询现有解决方案的层面，而要依据科学的数据方法，尝试从数据中寻找解决问题的方案，探索性地进行数据驱动教学的研究或实验并验证其有效性。

（4）辩证批判思维。对于教育大数据，教师要用辩证的眼光批判性对待，避免唯数据是从、盲目信赖数据，面对那些明显违背客观事实的虚假、错误数据要理性对待。在思想上要明确数据只能从某一个角度代表一些客观事实，而不是全部。在使用教学数据的过程中，可以将数据事实作为重要的参考，但不是绝对的标准。

第四节　大数据背景下“智慧”学习环境的构建

一、智慧课堂的构建

目前，对智慧课堂的定义总体上可分为两类：一类是从“智慧”的语义学上定义，与“智慧课堂”对立的是“知识课堂”；另一类是从信息化视角定义。本书的定义是基于后者。从信息化的视角来看，随着信息技术的不断发展及其在学校教育教学中的应用，信息技术正从早期的辅助手段向与学科教学的深度融合发展，传统课堂向信息化、智能化课堂发展，人们对智慧课堂的认识也在不断深化。

目前基于信息化视角对智慧课堂的定义有三种：一是基于物联网技术应用的。这一定义强调基于物联网的“智能化”感知特点。二是基于电子书包应用的。这一定义强调基于电子书包的“移动化”智能终端特点。三是基于云计算和网络技术应用的。这一定义强调课堂中的“个性化”学习应用特点。

这里我们结合实际开发应用，提出基于动态学习数据分析的智慧课堂概念，即智慧课堂是指利用大数据、云计算、物联网等新一代信息技术打造的智能、高效的课堂，是基于动态学习数据分析和“云 + 端”的运用，实现评价反馈即时化、交流互动立体化、资源推送智能化，全面变革课堂教学的形式和内容，构建大数据时代的信息化课堂教学模式。

智慧课堂常态化应用的前提是具有先进、方便、实用的工具和手段，为此需要构建基于学习动态数据分析和“云 + 端”应用的智慧课堂信息化环境。智慧课堂信息化环境的基本架构如图 5–3 所示。

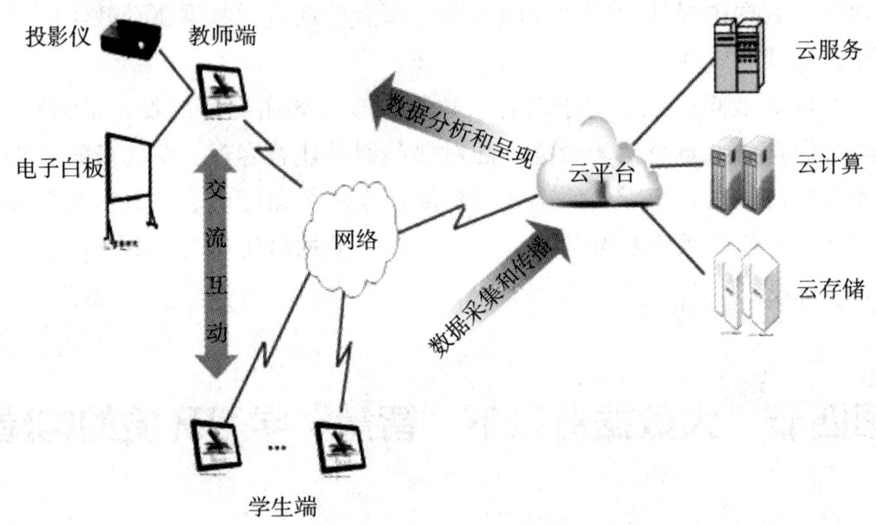

图 5–3　智慧课堂信息化环境的基本架构

智慧课堂信息化环境的总体架构包括三大部分：

（1）微云服务器。提供本地网络、存储和计算服务，可以方便、直接地将即时录制的当堂课程进行本地化存储；构建无线局域网，教师和学生可以通过多种移动设备，在无须互联网的状态下，实现任意点对点的通信与交互，节省大量互联网资源；当连接互联网时，可以实现跨越空间的直播。

（2）端应用工具，包括教师端和学生端。教师端实现微课制作、授课、交流和评价，导入 PPT，并实现动画及视频的插入、电子白板式任意书写、发布任务、批改作业、解答问答等。学生端可以接收并管理任务（作业），直接完成作业，进行师生交互、生生交互。

（3）云平台。提供云基础设施、支撑平台、资源服务、教学服务等，如构建完整的教学资源管理平台，进行结构化与非结构化数据的各种教育教学资源管理，支持各种教育教学资源的二次开发与利用，实现多种教育教学资源的综合应用。在教学实践中，智慧课堂的教学流程为“3+10”模式，即由 3 个阶段和 10 个环节组成。智慧课堂的教学流程如图 5–4 所示。

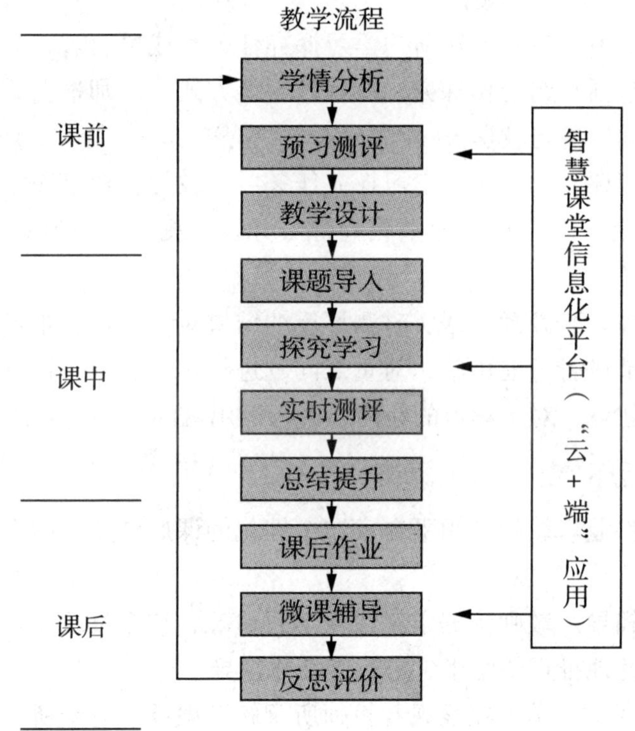

图 5–4　智慧课堂的教学流程

（一）课前环节

（1）学情分析。教师通过智慧课堂信息化平台提供的学生作业成绩分析，精确地掌握来自学生的第一手学情资料，预设本节课的教学目标，并向学生推送微课或富媒体预习及检测的内容。

（2）预习测评。学生预习教师推送的富媒体内容，完成和提交预习题目，并可在论坛或平台上进行相关讨论，提出疑问或见解，记录在预习过程中遇到的问题。

（3）教学设计。教师根据学情分析结果和学生预习检测统计反馈的情况，以学定教，确定教学目标、内容、方法等，优化教学方案设计。

（二）课中环节

（1）课题导入。教师采取多种方法导入新课内容，主要通过预习反馈、测评练习和创设情境等方式导入新课程。学生展现课前自学成果，围绕导入的新课程进行演讲展示、分享观点。

（2）探究学习。教师下达新的学习探究任务和成果要求，学生开展协作探究学习，主要包括小组合作探究、游戏教学等方式。教师根据需要安排学生小组讨论，激励学生参与教学。

（3）实时测评。学生完成学习探究任务后，教师将随堂测验题目推送到每个学生的终端上。学生完成随堂测验练习并及时提交，教师进行实时诊断和反馈。

（4）总结提升。教师根据实时测评反馈结果对知识点、难点进行总结和点评，对薄弱环节进行补充讲解，对重点问题进行辨析。学生针对教师布置的弹性分层作业和任务，对所学习的新内容进行运用巩固、拓展提升。

（三）课后环节

（1）课后作业。教师利用平台发布个性化的课后作业，学生完成课后作业并及时提交。

（2）微课辅导。教师依据学生课堂学习情况，结合批改作业，录制、讲解微课并有针对性地推送给学生，进行个性化辅导。

（3）反思评价。学生在线观看教师所录解题微课，总结所学内容，在平台或论坛上发布感想与疑问，与教师、同学在线讨论交流，进行反思评价。

二、学校管理支持平台的构建

智慧校园要想真正实现智慧型、智慧化的管理，根本要求在于将多元化的业务放在一个网络当中实现集成化的管理和控制，促使每一种管理系统获取相应的数据，并对这些数据进行分析和计算，从而更好地开展相应的服务工作。

 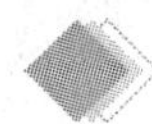

（1）招生和就业方面的政策数据支撑。借助以前的、其他高校的招生和就业数据，根据专业、性别、地区以及特长等将其制作成一个报表，并为后续的招生计划提供决策支持。

（2）人才方面的政策数据支撑。这一平台主要是存储教师方面的资源数据以及学校当前的师资队伍状况并制作成报表，高校管理者可以根据报表内容及时调整师资队伍的结构。

（3）财政方面的数据支持。这一平台主要是存储学校财务数据，通过分析这些数据，可以获得当前高校的资金状况和学校在经营过程中的投入、产出状况，为管理人员提供有用的决策数据。

（4）人才培养模式方面的数据支持。这一平台主要是存储学生的学习状况、教师的教学状况以及评价状况，通过分析这些数据了解师生在具体教学过程中的教学情况，并总结出符合学生特性、专业特点的教学方式。例如，在大学生就业情况不理想时，通过分析学生就业难的主要原因提出针对性的教学模式。

（5）学科建设数据的支持。充分运用大数据技术整合学校内部的全量学科数据和外部的海量学科数据，通过深度的数据分析，全面呈现高校学科建设方面的现状、优势和不足，使学校在学科建设上做到知己知彼、精准投放资源进行优势学科建设。

第六章　基于数据挖掘的教育大数据应用与实践

第一节　大数据技术在现代高等教育中的应用分析

一、面向在线教育领域的大数据研究及应用

在线教育是以网络为介质的教学方式。随着互联网技术的迅猛发展，在线教育受到越来越多人的关注，在线教育的方式随着计算机技术和人们教育观念的改变而发生了重大的变革。从20世纪末的远程教育模式到资源平台模式，再到目前流行的商业在线教育平台模式，从开始静态的共享资源逐步走向互动性的开放课堂，在线教育的理念和模式正在发生着重大的改变。随着在线教育浪潮的掀起，在线学习平台纷纷闯入人们的视线，其中具有代表性的平台之一就是大规模在线开放课程，它是一种面向大众的开放式大规模网络课程。该平台借助发达的网络和视频技术缓解了教育资源缺乏、教育资源分配不均衡的问题；相比于MOOC，SPOC平台主要面向几十人到几百人的课堂，对于注册课程的学生也有严格的限制，只有满足对应课程要求的申请者才有资格学习该课程，SPOC这种小型课堂教学模式让教师成为真正的课程掌控者。除了MOOC、SPOC平台之外，还有在线学习社区、移动端数字图书馆、移动阅读等，这些在线教育平台强化了学生课前自主预习与课后巩固练习的环节。国外知名MOOC平台——Coursera，截至2013年8月注册人数已经超过450万，推出近4个月全球范围内就有196个国家的学生参与其中。截至2012年，面向K12教育的可汗学院参与人数达到1000万，视频每天的访问量在10万到20万次，视频累计观看次数为2亿1千万次。由清华大学打造的中国的MOOC平台——学堂在线，截至2013年10月选课总人数超过了13000人次，单一门电路原理

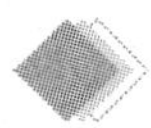

课程就吸引了来自 150 多个国家的 11000 余名学生。面对在线教育平台上如此庞大繁杂的数据，面向在线教育领域的大数据研究及应用显得尤为重要。“大数据”是需要经过一定的处理模式才能具有更强的决策力、洞察力和流程优化能力的海量、高增长率和多样化的信息资产。本书提到的“大数据”并不仅仅指海量数据，而更多的是一种“数据为大”的思维方式，也就是说，使用客观的用户数据来指导决断，进而减少个人喜好等因素的干扰，它的关键之处在于从数据到价值的转换过程。本书研究的目的在于利用在线教育领域中的数据来辅助和指导学生的学习、教师的教授以及人才的选拔。

本研究旨在使学生拥有个性化、多元化的学习路径，实现系统、文化、资源的全球整合。利用在线教育平台上的大数据可以实现以下功能：①跟踪学生的行为档案，实时记录学生对知识点的掌握情况以及在其上花费的时间，根据这些信息可以更加真实地了解学生的学习状况，从而为其进行个性化辅导；②辅助教师优化教学方法，改进教程设计，从而制定更加合理的教学大纲；③探究学习规律，并预测学生未来的发展，为选拔发掘不同领域的人才提供更加便捷和可靠的途径。

（一）在线教育领域的数据

在线教育领域的数据复杂多样，本节从数据的分类和特点两大方面介绍在线教育系统中的大数据。

1. 数据的分类

在在线教育平台上学生可以随时随地观看视频、学习课程内容，教师可以在任何时间、任何地点创建课程、上传通告等。这里按照数据的获取方式、数据的来源和数据的存储形式这三种方式将在线教育平台产生的数据进行分类。

（1）按获取方式分类。按数据的获取方式可将其分为显式数据和隐式数据。显式数据包括用户注册信息、兴趣标签、已选课程、课程练习成绩、课程总成绩、对课程的评分、对讨论内容的评价等。隐式数据包括搜索的关键词、浏览内容及次数、课程学习实践、练习时间、翻看讨论内容时间、下载文件、拖动滚动条次数、视频暂停次数、浏览器收藏记录等。

（2）按来源分类。按数据的来源可将其分为用户信息、课程信息、习题信息、视频信息、论坛信息、用户行为信息以及知识图谱。用户信息是指用户的个人信息，包括用户的基本信息、学习课程的成绩信息和对知识点的理解程度等；课程信息指课程的内容和组织结构等；习题信息指习题内容和相关的习题提示信息等；视频信息包括视频、音频和字幕等；论坛信息包括论坛的组织结构和帖子内容等；用户行为信息指用户浏览网页、播放视频等的行为记录；知识图谱是知识点的集合，初期由教师绘制，后期采用自动结合人工的方式对其进行维护和更新。

（3）按存储形式分类。按数据的存储形式可将其分为结构化数据和非结构化数据。结构化数据是指可以用二维逻辑表结构来表达实现的数据，包括用户基本信息、课程信息等；非结构化数据是指那些不方便用数据库二维逻辑表来表现的数据，包括视频、音频和知识图谱等。

2. 数据的特点

处在数据爆炸性增长的时代，“大数据”无处不在，渗透于各行各业。在线教育领域的数据也具有不同于其他领域的特点。

第一，数据间联系紧密。在线教育系统中的数据来源各不相同，但其间有千丝万缕的联系，如学生将课程、论坛、成绩等结合在一起，知识点把知识图谱、习题库结合到一起，每个学生和每个知识点又有联系，可见在线教育领域的数据联系紧密，关系复杂。

第二，数据存储异构。视频数据采用非结构化形式存储，论坛、课程的结构采用树形模式存储，用户的基本信息采用简单的二维表结构化形式存储，因此在线教育系统中的存储形式具有多样性，从而形成了异构数据库，这对数据的管理提出了更高的要求。

（二）相关工作

大数据处理技术的难点主要在于数据的庞杂以至于没有现成的软件工具能够对其直接开发，而海量数据中又蕴含着能够帮助决策的价值信息。目前，大数据的研究已经渗透到各个行业，其中包括互联网、政治、医疗等。这里主要研究在线教育领域的大数据。

在线教育领域的大数据研究主要分为教育数据挖掘和学习分析技术两大方向。

1. 教育数据挖掘

数据挖掘（DM）是指从大量数据中提取或“挖掘”知识的方法和应用。数据挖掘和知识发现（KDD）同义，其一般需要经过以下处理过程：数据清理、数据集成、数据选择、数据变换、数据挖掘、模式评估和知识表示。教育数据挖

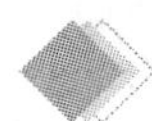

掘（EDM）就是数据挖掘在教育领域的应用，其指从人类教育及学习过程所产生的数据中自动提取出有价值信息的技巧、工具和研究，这些信息可以为教育者、学习者、管理者、教育软件开发者和教育研究者等所利用。在线教育中数据具有存储异构的特点，因此数据清理和集成的过程较为复杂。同时，由于数据来源多样且联系紧密，在挖掘的过程中需要考虑多个特征和其间的关联关系。

2. 学习分析技术

学习分析技术（LA）在早期被定义为“使用智能化的数据、学生产生的数据以及分析模型，以发现信息和社交关系，从而达到预测和提高人们学习的目的”。2012 年，格拉勒（Greller）等人提出了一个更加系统全面的定义，从六大关键维度来定义学习分析学，如图 6–1 所示，这六大关键维度分别是关益者、目标、工具、数据、内部限制、外部限制。关益者包括机构、教师、学生等；目标是反思教育模式和预测学生发展前景；学习分析技术所使用的工具有技术、算法、理论等；数据分为公开数据和隐私数据；内部限制包括学生的能力和对相关知识的接受度；外部限制包括平台的规范及与学生、教师的约定。应用学习分析技术的过程中信息在机构、教师和学生之间流动，如图 6–2 所示。运用该技术可以针对学生、教师和机构制定个性化的方案来实现自我反馈，同时可以对数据进行统计、分析和研究，从而有利于政府做出较为明智的决策。

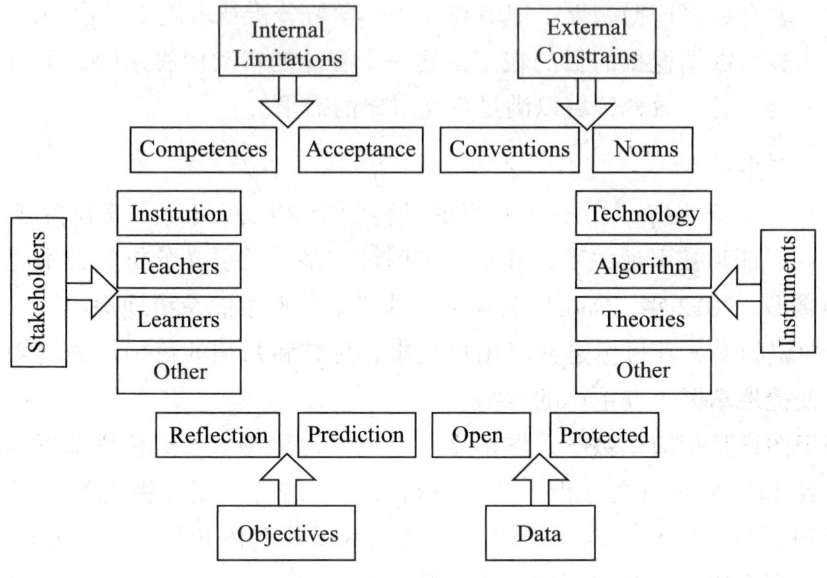

图 6–1　学习分析技术的六大维度

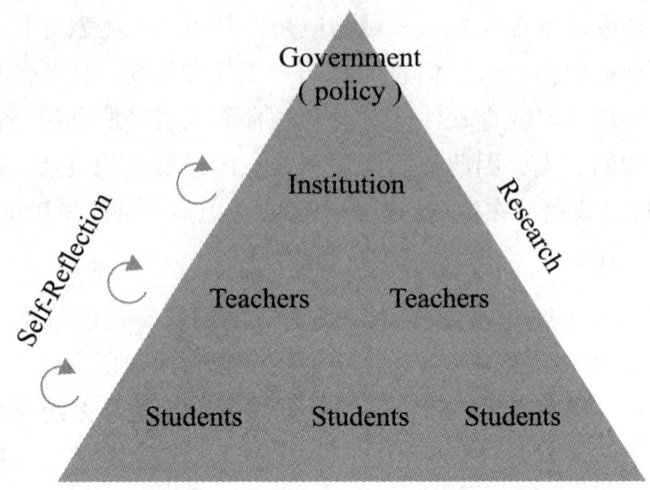

图 6-2　LA 关益者信息流图

教育数据挖掘和学习分析技术的共同目标是构建一个智能学习平台，以提高教师的教学水平、激发学生的学习兴趣、促进学习的均衡发展。除了共性，两者之间也有以下三点区别：

（1）教育数据挖掘主要强调具体使用的工具、技巧和算法；学习分析主要着眼于整个系统，以支持不同对象的决策。

（2）教育数据挖掘侧重于细节和算法；学习分析技术侧重于模型的建立。

（3）教育数据挖掘的目的在于搭建一个智能的自动应答系统；学习分析技术更多的是立足于教育领域以满足各类对象的需求。

3. 知识图谱

1965 年，普莱斯（Price）发表的《科学论文的网络》一文研究了科学论文之间的引证和被引证关系，并形成了引证网络。该引文分析的技术就是知识图谱的雏形。2012 年，Google 公司为了改进语义搜索而系统地提出了一种知识库——知识图谱。其目标是减轻用户收集、总结和归纳的负担，通过知识图谱快速、便捷地掌握查询主体的脉络。

知识图谱是把应用数学、图形学、信息可视化技术、信息科学等学科的理论与方法和计量学引文分析、共现分析等方法结合，用可视化的图谱形象地展示学科的核心结构、发展历史、前沿领域以及整体知识架构的多学科融合的一种研究方法。在知识图谱中查询某一个关键词的结果是一系列与之相关的内容，而并不仅仅是该关键词的内容。知识图谱不仅能够帮助学生建立较为完

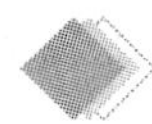

整的知识体系，明确学习目标，提高学习效率，还有助于教师迅速发现学生弱点，进行针对性的答疑，从而提升教学质量。

（三）面向在线教育领域的大数据模型

在线教育系统功能包括教学视频、教材、习题、测试、实验、讨论等。根据这些功能可以确定数据库的基本模块。基于在线教育平台的大数据模型主要包括五个层次，分别为数据层、处理层、分析层、功能层及对象层。

1. 数据层

数据层分为用户信息库、论坛信息库、用户行为库。其中，知识图谱和用户信息库不仅包含用户姓名、年龄、学历等基本信息，还包含学生对每个知识点的理解程度、每个学生习题回答的情况以及在每堂课的成绩等。论坛信息库根据讨论范围分为章节论坛、课程论坛和平台论坛。知识图谱中主要存储在线教育平台上每门课程知识点的内容及其关系。用户行为库记录学生上课和教师备课的信息，主要包括点击鼠标、播放视频等。

2. 处理层

处理层负责处理底层的异构数据库，为分析层提供有效并可用的数据。该层具有数据清理、数据转换、数据整合、数据提取和数据维护等功能。数据清理指根据实现功能和使用算法的不同删除底层无效或无意义的数据；数据转换是指把底层的数据使用字段切割、合并等手段为上层提供输入；数据整合即将来自不同数据库的数据整合到一起；数据提取指从数据库中提取有用数据以供处理；数据维护通过备份、权限管理等以保证底层数据库的安全。

3. 分析层

分析层包括教育数据挖掘的算法库和学习分析技术的模型库，其中教育数据挖掘算法库包括 SVM、Apriori、FP-Tree 等常用数据挖掘算法；学习分析技术的模型库包括社会网络分析模型、话语分析模型、内容分析模型等。

4. 功能层

功能层主要借助分析层中的算法和模型针对不同的用户提供特定的大数据功能。

5. 对象层

对象层主要包括学生、教师、决策者、学生学习、教师授课。这里的决策者分为系统管理者和机构决策者，系统管理者主要负责系统的运营管理；机构决策者则针对学生的学习情况和教师的授课情况对学习过程和人才选拔提出战略性的建议。在线教育系统一般提供 LMS（学习管理系统）和 CMS（课程管理系统）两大子系统。LMS 是面向学生的学习系统，为学生提供观看视频、学习教材、讨论、提问等功能；CMS 面向教师，是教师制作课程、发布通告、制定教学大纲的平台。

（四）大数据支撑的在线教育系统应用

在线教育的主要服务对象就是学生，这里从知识图谱、课程、论坛等角度来具体介绍面向学生的大数据功能。

（1）基于知识图谱的学习。学生学习和教师教学都是从知识点出发考虑的。知识图谱就是一个可以将所有知识点汇总到一起的知识架构图，在知识图谱中可以找到每门课程包含的所有知识点以及各个知识点之间的联系。知识图谱将课程知识模块或学科内各课程以架构图形式呈现，点击跳转就可至相应课程或知识模块，方便学生了解知识脉络。

（2）个性化课程服务。在线教育为广大学生提供了一个自主学习平台，在该平台上，学生可注册自己感兴趣的课程，有选择性地观看视频，随着平台上的课程逐渐增多，查找合适课程所花费的时间越来越长，有时还会面临不知如何选择的困扰，因此提出面向学生的课程推荐系统这一构想。该推荐系统根据学生自己和其他学生的学习情况以及课程涉及的知识点等向学生推荐适合的课程。

（3）基于论坛数据的智能化服务。论坛以讨论主题、帖子、帖子评论形成树形结构，论坛中可挖掘的信息有很多，这里从以下几个方面进行讨论。

①论坛挖掘。可以对论坛进行结构挖掘、帖子自动打分、主题挖掘、论坛推荐。论坛结构挖掘主要指分析论坛讨论模式，包括围绕一个话题讨论、进阶式讨论等；帖子自动打分可以根据帖子长度、内容以及该帖所获顶或踩的数目等对帖子进行自动打分；主题挖掘是对主要讨论主题进行抽取，并挖掘出较好的回帖；论坛推荐可以根据对用户点击和发表帖子的挖掘为用户推荐感兴趣的板块或讨论主题。论坛挖掘可以自动从海量帖子中发掘出有意义、有针对性的精华部分，减少学生查找答案的时间，提高学生的学习效率，同时为教师实时掌握学生动态提供新的途径。

②学生分级。根据学生在论坛和课堂的表现对学生进行分类和分级，以激

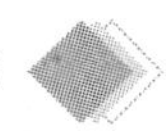

励学生发表有价值的帖子和有趣的观点，进而促进交流，提升学习效率。

③用户建模及信息推荐。其包括个人标签生成和基于讨论内容的信息推荐。个人标签指根据讨论区语义分析，发现学生的兴趣爱好和知识掌握的薄弱点。

基于讨论内容的信息推荐是根据学习者反复观看的视频、答错的题目、搜索词条等推送相关讨论信息，以实现实时答疑和学习引导的效果。

二、高校图书馆大数据服务的现实困境与应用

（一）高校图书馆大数据服务概述

云计算、互联网、社交网络等技术的快速发展和广泛应用产生了海量的半结构化、非结构化数据，这些在组成结构、类型格式、存在形态上各具特点的数据具有种类多、体量大、流量大和价值高的特点。信息技术的发展也由此迅速进入大数据时代。近年来，伴随着高校图书馆数字化进程的迅速推进，图书馆数据在一定程度上具备了大数据的特征，其主要体现在以下几个方面：①图书馆数据种类繁多，包含纸质纯印本、光盘、数据库资源等结构化数据，以及因用户浏览、借阅和管理人员维护等产生于日常图书服务环节的非结构化等各类异构数据；②数据体量浩大，以中国高等教育文献保障系统为例，截至 2014 年 11 月底，该系统汇集和整合的有关高校图书馆的馆藏资源记录总数超过 434 亿条，即使不包括图书服务环节的数据，平均每所高校图书馆仅馆藏资源记录即已接近 1500 万条；③图书馆数据流量增长迅速，近年来以各类中外文期刊、学位论文等数据库为代表的图书资源迅速膨胀，同时因移动设备广泛使用而产生的搜索和浏览数据也在急速增加，而且这些数据具有很强的时效性，只有及时加以分析，其价值才能得到有效利用与发挥；④图书馆数据的价值巨大但密度较低，海量的数据隐含着巨大的价值，但由于其中包含许多无用的信息，图书馆数据同时呈现出低价值密度的特点。

近年来，图书馆学科知识服务和针对用户的个性化服务是高校图书馆数据服务的两个重要主题，需要采用信息领域的相关技术和工具对图书馆不同类型的海量数据进行有效整合，并在此基础上开展实时分析和数据挖掘，为用户提供学科知识服务和个性化知识服务。图书馆大数据服务的上述需求引起了学界的极大关注。但由于学界研究尚处在初级阶段，特别是有关高校图书馆大数据具体应用模式的研究仍存在诸多困难。本书梳理了近些年国内外相关领域的研

究进展，分析当前困境，并紧密围绕图书馆学科知识服务和个性化服务两个主题，提出一种基于大规模网络分析方法的高校图书馆大数据应用模式。

（二）高校图书馆大数据研究进展及现实困境

1. 研究进展

国外学者较早开始关注图书馆大数据应用和服务需求，并讨论技术问题。数据服务方面，杉本（Sugimoto）等从数据组织、存储、检索、管理等角度讨论图书馆的信息科学服务在大数据时代面临的挑战并提出应对计划；奥克兰德（Aucklandd）指出图书馆在大数据环境下应着重关注数据挖掘、知识发现和数据社区构建及服务；M. Aucklandd 和 S. Coral 等讨论了大数据时代图书馆从业者的角色转型和必备的技能问题。应用技术方面，提茨（Teets）等先后提出基于 WorldCat 数据库和基于 HPC-ABDS（high performance computing enhanced apache big data stack）的图书馆大数据应用框架。

国内学者近年来也开始讨论高校图书馆大数据服务和技术问题。樊伟红等分析了国内图书馆服务在应用技术、知识创新、硬件成本方面面临的挑战，并提出对策，指出未来图书馆大数据将在知识服务、用户行为分析、智能决策等方面发挥重要作用；韩翠峰等从重视用户数据、增加数据分析服务、利用数据分析技术与工具等角度探讨图书馆大数据服务创新问题；王天泥认为，知识咨询是图书馆未来咨询服务的新模式；马晓亭提出一种采用多层次系统结构的图书馆大数据资源整合平台的框架。

国内外学者从多角度探讨了图书馆大数据应用面临的问题，明确关注服务创新，提出应对策略，但是多数偏重概述方法和概念解析，而在如何解决高校图书馆服务面临的学科知识服务和个性化服务问题上，缺乏有效的理论支持和技术视角的应对方案。究其原因，高校图书馆大数据应用正处于起步阶段，数据收集整合、数据分析、知识服务方法研究有待深入，相关技术有待突破。另外，高校图书馆数据量激增，存储和计算设备性能有待提高，但资金投入受限。上述因素使当前高校图书馆大数据应用陷入困境，从而阻碍了高校图书馆大数据服务的开展。为了有针对性地提出应对方案，需要对当前所处的困境展开深入分析。

2. 现实困境

数据收集是大数据应用的起点，数据整合和存储是大数据应用的基础。

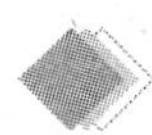

当前，由于受到各种因素制约，在知识服务领域，相关企业数据库开放程度较低，“信息孤岛”随处可见，数据的收集特别是高质量数据的完整获取存在困难。对于中国知网、万方数据库等知名的文献资源数据库，一般的高校图书馆即使在付费后，购买的也仅是检索和文献下载权限，而无法获取可以用于研究的数据库本身。由于不同数据库之间的关联程度迥异，不同类型的异构数据的存储方式和数据格式也大相径庭，如果仅是简单地将其堆砌在一起，即使采取相关的数据挖掘技术，也难以进行有效的知识发现并得到有价值的结果。此外，整合后的海量数据如何恰当存储并且供用户高速访问也是传统的存储方式面临的挑战。

大数据实时处理和高效分析是图书馆知识服务的前提，也是图书馆大数据应用落地的关键。因为大数据信息量大且种类多样，所以数据分析和数据挖掘至关重要。在大数据环境下，传统的数据挖掘方法难以满足对关系型数据的非结构化的、半结构化的数据挖掘以及深度分析的需求，这就需要以高性能计算设备和软件平台作为支撑，提高处理速度，采用合适的数据挖掘算法高效地进行知识挖掘和知识发现。当前，国内相关领域的技术发展很不平衡，知名互联网企业，如阿里巴巴和腾讯等，构建了上万节点的大数据计算集群和软件平台，并成功开展了大数据应用和服务，但是由于企业之间存在竞争等，大数据的应用和开发技术扩散不畅，优势企业对开源社区的贡献不足，图书情报领域的研究者不易获取所需的开发资料，造成了高校图书馆大数据分析面临技术壁垒的现状。

知识展现和知识服务是图书馆大数据应用的落脚点。脉络清晰的知识展现手段能够促使知识发现的过程更容易被用户理解，有利于用户快速把握获取的知识。在数据开放和知识共享的大趋势下，图书馆需要依据用户需求，通过知识搜索、组织、分析、重组等方式为用户提供知识服务，以支持知识应用和知识创新。当前针对高校科研与教学的学科知识服务和面向高校师生的个性化推荐服务是高校图书馆知识服务的两个主要任务，但是相关研究仍然缺乏有效的理论分析和技术支持手段。

有限的计算设备和资金投入也给图书馆大数据服务带来挑战。图书馆数据量迅速增加，数据存储及计算规模也随之急剧增大，因而服务器硬件设备和软件设施，如软件分析平台的构建和相关应用软件的购置等需要大量的资金投入，但是普通高校每年用于此项的经费有限，必须寻求有效的解决方案。

从以上分析可以看出，当前高校图书馆的大数据应用和服务在理论支持、技术衔接和资金投入上均存在不足，图书馆大数据应用模式不能简单套用传统的模式，分析方法和技术也不能采用传统的数据分析框架和数据分析方法。本书以知识管理理论和大规模网络分析理论为支撑理论，通过元数据、大规模网络、用户行为等模型的构建以及对模型应用方法的分析，提出一种基于大规模网络分析方法的图书馆大数据应用模式，并阐述具体实现方法和主要技术，力图在一定程度上破解当前图书馆大数据服务面临的困境。

（三）基于大规模网络分析方法的高校图书馆大数据应用模式

1. 大数据应用模式

“应用模式”目前在学界没有确切定义。模式一词被广泛应用于各领域，如商业模式、设计模式、管理模式等，其含义千差万别。在互动百科的词条中，模式一般指“从生产或生活经验中经过抽象和升华提炼出来的核心知识体系，是解决某一类问题的方法论”。依据这一描述，将本书中的高校图书馆大数据应用模式粗略概括为解决图书馆大数据应用问题的方法和知识体系。针对大数据背景下高校图书馆数据服务面临的挑战，基于相关理论和信息技术手段，提出解决问题的一系列方案，并进行理论总结，最终形成可复用的知识体系。

2. 大规模网络分析方法

网络分析方法是图情领域研究的热点。该方法将图论作为基础理论，以图为数据结构对现实世界的复杂关系进行建模。近年来，其广泛应用于信息检索、用户行为分析和信息计量学研究，对网络知识挖掘以及知识管理领域的研究和发展起到了重大推动作用，已经成为一种重要的研究范式。网络分析方法一般与知识管理理论密切结合，依据学科知识本体，通过构建“语义网络”模型挖掘“显性知识”；构建“社会网络”模型分析难以用语言表达的“隐性知识”，实现“隐性知识”的共享和转移，从而辅助知识创新和智能决策。

随着图书馆数据的急剧增加，网络规模可达到千万以上数量级别，海量数据的实时计算、分析和可视化成为图书馆大数据应用真正落地的主要挑战。中国计算机学会大数据专家委员会在分析未来大数据发展趋势时指出，已有的数据分析方法和技术框架因计算速度低下等原因难以适应大规模分布式计算和实时性的要求，因此建立基于云计算平台的应用开发是大数据应用的主要趋势。

大规模网络分析方法能有效破解当前图书馆大数据服务面临的困境。针对“图书馆大数据处理和分析”的问题，基于图的挖掘算法是语义网络和社会网络分析的主要方法，可以用作学科知识挖掘的主要工具；基于图的个性化推荐算法能有效分析和预测用户需求，从而应用于个性化推荐服务；针对“知识展现和知识服务”的问题，大规模网络分析方法和知识管理理论密切结合，其可视化技术与知识地图的构建技术可应用于知识展现和知识服务领域。另外，在当前开源的分布式云计算平台（Hadoop）中已经集成了挖掘算法类库，可以基于中低端的计算设备搭建分布式计算机集群，使用这些类库开展图书馆大数据挖掘不仅节省了大量硬件设备投入和软件平台购置资金，还极大地提高了计算性能，破解了“有限的计算设备和资金投入带来的挑战”。因此，大规模网络分析方法可以作为联通图书馆数据服务需求和图书馆大数据应用的首选方法，以促进高校图书馆大数据应用的真正落地。

3. 高校图书馆大数据应用模式

（1）数据收集、整合和存储模式。对于图书馆馆藏资源的结构化数据以及由日常服务产生的半结构化和非结构化数据等，可以手工录入或通过软件平台的相关接口存入数据库；对于知名的文献数据库，高校图书馆可以采取签约合作的方式获取数据库使用和研究权限；还可以针对本校特色和优势学科，利用网络数据自动抓取工具获取感兴趣的数据资源，自己构建该学科的文献数据库，完成数据的收集。

结合用户需求，数据整合需要对不同类型的数据进行融合并进一步加工。对不同类型数据资源的选择和恰当整合非常重要。从参与整合的资源角度来看，在特定需求的应用研究中，要着重考虑整合哪些类型的数据库。一般可选择相关性较高的数据资源，同时要注意这些数据存在大量冗余，需要有效清洗，形成具有一定相关性、丰富多样性的高质量图书馆大数据。从整合和存储的方法来看，对这些格式不同的数据需要构建相应的数据模型，形成规范、统一的表示形式，并将其存储于云平台上的分布式数据库，以供用户通过网络实现快速查询和检索。

在模式框架中，恰当选择包括有本单位学科特色数据库在内的多种类型的相关数据库，对不同格式数据（电子资源、数据日志、科研数据以及媒体数据等）进行元数据统一建模，经过数据分类和清洗，融合成格式一致、结构清晰、扩展性好的基础数据。在技术实施方面，基于 Hadoop 云平台上 SQL 和

HBase 等数据库，采用 ETL 即数据抽取、转换、加载技术整合处理后，进行分布式存储并供检索。

（2）数据处理和分析模式。图书馆大数据分析主要包括数据分析和数据挖掘。数据分析一般基于文件形式或者单个数据库的方式组织，有明确的分析目标；数据挖掘则是建立在数据仓库或是分布式存储的数据库基础上，可在未明确假设的前提下去挖掘信息、发现知识。由于数据体量大和类型众多，一方面，需要具有高计算能力平台的支持以提高大数据的处理速度，实时输出分析结果；另一方面，由于图书馆大数据应用的主要任务是知识发现，需要结合知识管理理论，采用适合形式化描述的工具（如知识本体），以及开发分析模型和相适用的数据挖掘算法进行分析，以得出有较高价值的结果。

在模式框架中，以语义网络方法分析学科数据为例，分析不同学科用户检索浏览或借阅等相关数据特征，结合学科知识本体和学科数据库，以学科术语或概念等为图节点，相关联系为图形中的边，依据不同需求构建各类大规模语义网络分析和预测模型；应用机器学习等算法，挖掘不同学科、不同时期的用户感兴趣的主题等显性知识，分析演化规律和发展趋势。以社会网络分析为例，依据用户的借阅和浏览信息、用户特长等基础数据，将用户相关属性抽象成图节点，以属性之间的联系为边，构建各类大规模社会网络分析模型，挖掘显性和隐性知识，发现网络中的社区、专家或关键人物，研究隐性知识的转移和共享模式；在技术上可采用大规模图数据挖掘技术以及 MATLAB、NetMiner 和 SPSS 等工具进行辅助分析。

（3）知识展现与服务模式。知识展现和服务应紧紧围绕学科服务和个性化服务开展，技术上一般采用可视化技术，以构建知识地图的方式呈现知识发展的变化趋势。高校图书馆学科服务是高校图书馆生存与发展的立足点，其服务水平是衡量高校图书馆服务质量的重要指标。学科服务一般紧紧围绕教学和科研需求，由同时具备专业背景和熟悉图书管理知识的图书馆专业人员（学科馆员），通过深度嵌入教学和学科研究领域，采用数据挖掘等方法获取专业领域知识，以提供高水平知识服务，支持知识应用和知识创新。

个性化服务需要针对用户的行为和习惯，以用户的需求为主导，对不同的用户采取相应的服务策略，具体实现技术包括个性化信息检索、个性化信息推荐等。

在模式框架中，基于数据处理和分析的结果，以用户需求为目标，构建网

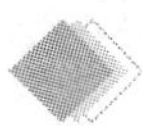

络可视化模型，应用可视化算法和工具进行热点主题可视化分析、引文网络和作者合著关系可视化分析，生成表达学科、领域、专业、文献、著者之间关系的知识地图，显示相关知识领域的发展和演化趋势；构建用户分析模型，分析用户的兴趣，准确定位用户需求，提供个性化信息推送服务。在技术实施上采用 Grid Layout、Force- directed 等网络可视化算法以及 CiteSpace 等网络可视化工具。

（4）基于 Hadoop 的大规模图计算的云平台。采用 Hadoop 大规模图计算的云平台以解决有限的计算设备和资金投入带来的难题。近年来，出于节约计算成本的考虑，越来越多的知识服务机构在开展大数据服务时，开始采用中低端硬件构成的大规模计算机集群，并在集群上搭建分布式计算平台，以替代成本高昂的高端服务器。

各高校图书馆都配置有一定数量的中低端硬件设备，包括服务器和普通个人电脑等，可以基于已有设备构建分布式计算机集群并搭建云操作系统。当前，市场上云操作系统包括微软的 Windows Server 2012 系统、甲骨文的 Solaris 11 系统以及华为的 FusionSphere 系统等，这些由企业开发的云操作系统具有使用方便、稳定性好的优点，但需要付费使用。开源项目 Apache 下的 Hadoop 因其免费和功能强大而被许多互联网公司争相采用，成为主流的分布式系统。Hadoop 是运行于普通服务器和计算机集群上的分布式存储和并行计算系统，集群中有一个主控节点用来控制和管理整个集群的正常运行，完成基于大量从节点的分布式存储和并行计算调度。Hadoop 的软件开源特性能极大地降低大数据应用的成本，并迅速成为工业界和学术界开展大数据应用研究的主流平台。

三、大数据时代高校数字档案资源管理研究

随着物联网、移动互联网、云计算等信息技术的飞速发展，整个社会已经迈入了大数据时代，高校亦不例外。近年来，高校在人才培养、科学研究及社会服务过程中产生的数据以指数级的速度增长，这些数据体量巨大、种类多样，给高校管理部门，尤其是作为主管历史记录和信息资源的档案部门带来了挑战，传统的数字档案管理模式和方法已经无法适应大数据管理要求。如何从纷繁复杂的海量数据中提取出有价值的信息归档存储，并确保若干年后都能被有效地读取和利用，将成为档案部门无法规避的问题。面对大数据的挑战，高校档案部门应从数据资源角度积极应对，转变工作方式和思路，掌握大数据相

关技术，迎接大数据的曙光。

（一）高校大数据来源

在大数据背景下，高校学生的学籍、选课、成绩、借书、上网、论坛、微博以及教师的基本信息、上课课件和视频、远程教育课程等都会产生大量数据。除了在人才培养方面会产生大量数据外，高校管理活动、科学院、社会服务等方面也会产生大量数据，这些数据体量巨大，结构多样，来源分布较广，明显具备了大数据特征。以南京航空航天大学（以下简称“南航”）为例，分析数据来源的主要渠道。

1. 各类网站

南航现有 1 个学校主页站点，469 个包括学院、科研机构、党群、行政和直属单位等部门在内的二级网站，还有 3 个 BBS 社交网络，仅纸飞机 BBS 注册人数就已达几十万人，发帖几百万个。

2. 各级管理系统

各个业务部门都有自己的管理系统，如办公自动化（OA）教务、学生、财务、人事、资产、迎新等诸多业务管理系统，每天都会产生大量的数据；南航每年的科研经费达数亿元，在科研中也会产生海量的实验数据；还有以智能手机及平板电脑等终端形成的移动互联网数据；南航现有全日制在校生 29 000 多人，每天智能手机等移动终端产生的移动互联网数据与日俱增；社会各类新媒体也时有关于南航的报道。从上述五个渠道产生的数据格式来看，有文本、静态网页、动态网页、图像、图表、声音、视频、数据库等多种格式，有的是结构化数据，有的是半结构化数据，而更多的是非结构化数据，这给数据的管理造成了极大的困扰。

数据呈现出爆炸式增长态势，传统的数字档案管理模式相对滞后，面临着无法适应大数据管理的困境。如何从海量数据中筛选出有利用价值的数据进行集中统一保管是文件形成部门和档案部门亟须解决的问题。为此，笔者所在高校及时调整工作和思维方式，深化“大数据”“大档案”的管理理念，凡是反映本校职能活动的数据资源都被纳入归档范围。归档范围应包括以下几个：①本校校园网发布的有关管理、教学、科研、学术、社团活动等信息；② OA、教务、学生、财务、人事管理等系统中产生的文件和数据；③学校在公务活

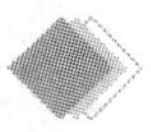

动中产生的电子邮件；④学校在BBS、博客、微博、即时通信工具（QQ、微信等）中产生的数据；⑤视频移动资源站点的精品课程等视频、文字、音频信息；⑥社会网络上发布的有关本校的重要报道。

（二）构建基于大数据生命周期处理模型

大数据生命周期是指数据从创建、采集、使用，到消亡的全过程。

为了更好地把握大数据在整个生命周期的变化，必须厘清数据、信息、文件、档案之间的相互关系，如图6-3所示。数据处于最底层，信息是提供决策的有效数据，文件是由机构或个人在社会实践过程中所产生或接收的记录信息，处于最顶层的档案则是具有保存价值的文件经过归档保存转换而来。在信息化时代，档案一定是数据，但数据不一定是档案，数据转化为档案是需要条件的，其必须从海量数据中挖掘出有价值的信息，经过归档程序最终才能转换为数字档案。从数据转换为档案的过程体现了大数据4V特征中最重要的特征——value，即价值性。既然数据可以转换为档案，那么如何转换？中间有哪些过程？这一系列问题就涉及大数据生命周期管理。有学者认为，建立大数据的生命周期应该包括大数据组织，评估现状，制定大数据战略，数据采集、存储、处理、检索、分析和展现等几个阶段。笔者站在保存历史记录、维护档案真实性的角度，认为大数据管理需要不断优化策略、方法、流程、工具，并提出大数据生命周期处理模型，如图6-4所示。大数据分析处理需要对繁芜丛杂的结构化、半结构化、非结构化数据“提纯”、整合，通过关联和聚类处理，使之成为按照来源一致性原则建立起来的具有保存价值的信息资产集合，永久存储在数字档案馆或学校数据中心。

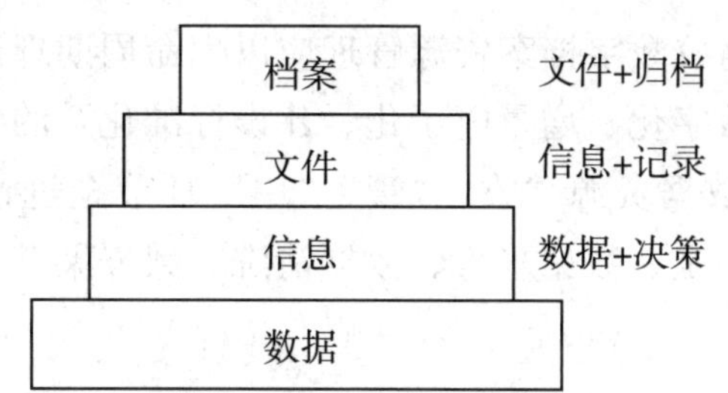

图6-3　数据、信息、文件、档案之间的关系图

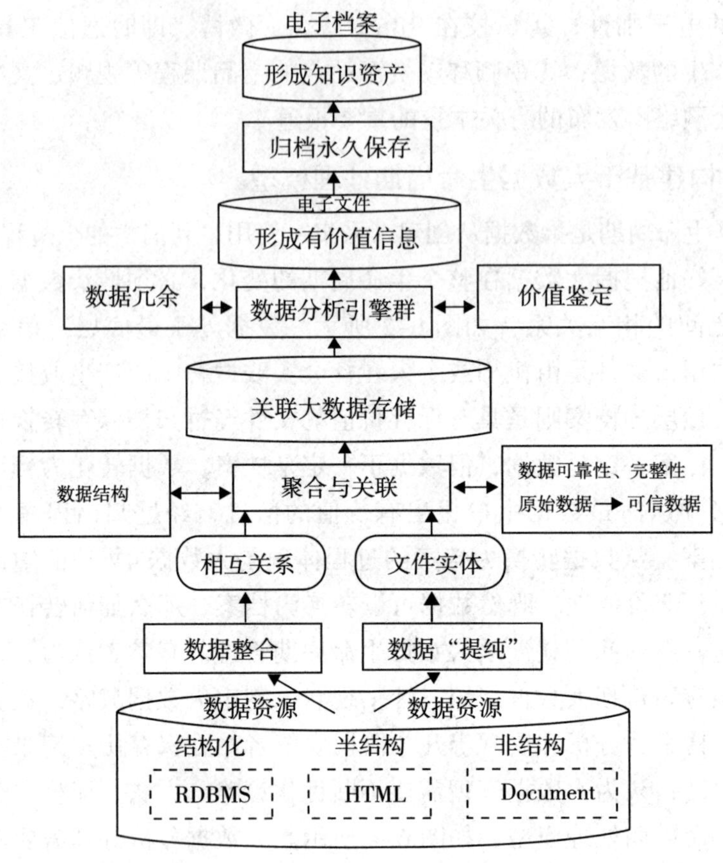

图 6-4　大数据生命周期处理模型

（三）驾驭大数据：观念、组织、战略、流程及方法

大数据时代，高校数字档案资源管理应以生命周期理论为指导，按照档案信息化建设“存量数字化、增量电子化、建设标准化”的要求对数据资源实施前端控制，以实现数据资源“收”“管”“用”环节全过程管理，其主要包括大数据组织、战略制定、数据采集、数据清洗、数据聚合、归档永久保存几个阶段。

1. 转变观念

当前，我们正处在大数据时代的早期，掌握敏锐的思维方法和领先的技能优势显得至关重要。为此，作为重要数据的永久保存部门，档案馆应树立大数据、大档案、大资源的思想意识。数据保管要从馆库存储转向数据仓库，从资

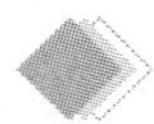

料查阅转向数字资讯，从管档案向管数据拓展，收集和保存各种渠道、各种类型、各种结构，过去、现在甚至未来的档案资源。

2. 统筹协调

大数据技术不但涉及多个学科，数据资源的挖掘、分析、存储和利用难度大、技术复杂，而且数据资源来源于多个部门和多种途径，因此高校必须明确档案部门、信息化部门数据管理和建设职能，提供必要的条件，使之能够对数据资源行使统筹规划、组织协调、指导监督等职责。高校各职能部门应转变各自为政的管理模式，避免“信息孤岛”的局限。档案馆、信息中心、图书馆、党政办、人事处、财务处、学生处等诸多部门应协作配合，实现信息资源共建共享，共同构建学校大一统信息资源体系。

3. 制定大数据战略

目前发达国家已经充分认识到大数据的潜在价值和发展趋势，纷纷将大数据上升为国家战略。美国率先提出“通过收集、处理庞大而复杂的数据信息，从中获得知识和洞见，提升能力，加快科学、工程领域的创新步伐，强化美国国土安全，转变教育和学习模式”，随后美国相继推出一系列后续措施。其他发达国家也不甘示弱，制定策略，推动数据收集和分析方式等内容创新。站在科学前沿的高校也应积极应对，充分利用人才力量和科研优势，通过产、学、研深度合作和协同创新，促进大数据技术革新和本校大数据的集成管理。

（1）大数据采集。大数据采集是指利用多个数据库来接收来自客户端（Web、App 或者传感器形式等）的数据。在网络环境里，数据每时每刻都在产生。采集是大数据价值挖掘最重要的一环，是大数据技术分析处理的基础。面对高校大数据多源、异构的现状，笔者提出分级采集、统一管理的原则，即各学院、部处、直属单位将本部门产生或与本部门关系密切的数据进行搜集，然后将所搜集到的数据通过校园数据交换平台提交到学校数据中心，实行集中统一管理。在进行数据采集之前，我们首先要对数据源进行分类：一是互联网网页数据；二是移动互联网 App 数据；三是各业务系统数据。

互联网网页采集。

移动互联网 App 数据采集。移动互联网 App 数据仅在一定范围内传播，覆盖面相对较窄，如微信、QQ 信息一般在朋友圈传播，数据采集难度较大，因此最有效的做法就是第三方 App 创建数据接口，实现数据的无缝对接。

各业务系统采集。高校各业务系统以结构化数据为主，数据的采集应引入电子文件一体化管理理念，搭建一体化云平台，重视规范化建设，尤其需要注重接口标准化建设，使各业务部门产生的数据通过云平台实现传输、迁移。

（2）大数据清洗和聚类分析。在大数据背景下，采集到的数据起初是零乱、冗余、复杂的，甚至错误的，这些冗余、错误的数据势必影响到后续数据分析的质量和效果，因此必须对初始的数据进行技术上的清理，去粗存精、去伪存真，使数据在一致性、正确性、完整性和最小性四个指标上达到最优。数据清洗是正式使用数据前的最后一道关卡，在数据挖掘领域被称为数据的预处理。

经过采集、清洗流程后得到的仍是离散度非常高、结构化非常低的数据，进行有效的数据聚类分析有助于提升数据价值。聚类分析是研究“物以类聚”问题的分析方法，它能够分析事物的内在特点和规律，并根据相似性原则对事物进行分组，同一组中的对象有很大的相似性，而不同组间的对象有很大的相异性。聚类分析被应用于很多方面，在商业、保险、地理领域运用较多，而在数字档案资源管理领域聚类分析运用较少。笔者认为文档数据聚类分析的关键在于找到数据之间的相互关系。文档数据通过聚类分析，建立了来源一致的、具有密切联系的档案有机整体。

（3）数据归档与保存。数据是有生命周期的，从产生到经历一段时间沉淀之后面临着两种结局，要么因价值丧失或本身毫无使用价值而被销毁，要么因具有历史参考、凭证价值而被长期或永久保存。具有保存价值的数据需要进行归档处理，以便能够快速查询、搜索，这时的数据从名称上正式转换为档案，虽然名称上发生变化，但其实质仍是同一事物在不同阶段表现出的不同特征而已。目前比较通用的数据归档方式分为物理归档和逻辑归档两种，由于大数据体量巨大，如果依然采用磁盘等介质进行物理归档，则会导致工作效能低下。云存储技术的发展为大数据归档与保存提供了解决方案，云存储由成千上万个网络存储设备、分布式文件系统以及其他存储中间件组成，它实际上是以数据存储和管理为核心的云计算系统，具有高速运算、海量存储、资源化等特点。统一的数据存储方式已经不能适应多源异构数据的存储，因此必须采取分布式的存储方式，而 Hadoop 和 NoSQL 都属于分布式存储技术的范畴。高校在信息化过程中，建成了高速的以太网通道，可以充分利用自身优势，把大量的服务器、存储设备、PC 整合成一个资源池，通过以太网进行互联，采用 Hadoop 或

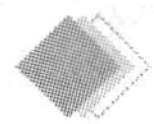

NoSQL 平台统一对学校形成的大数据档案进行统一存储，从而降低总体成本，提高资源利用率。

第二节　大数据技术在教育系统中的应用探究

一、现状分析

自中华人民共和国成立以来，教育系统建立了多套信息化系统，并积累了海量数据，这些数据及信息化系统为教育管理部门提供了一定的信息服务。然而，在教育管理信息化蓬勃发展的今天，各级教育管理部门面临着新的问题：从业务层面分析，教育管理业务数据量大、种类繁多，如何实现教育数据的有效整合？从领导决策层分析，如何实现教育监测评价及决策支持？中国教育发展与国内经济社会发展的关系是什么？中国教育在世界上处于什么样的位置？等等。总的来看，在利用大数据辅助教育决策之前，传统的管理模式存在很多困境。

（一）数据处理和整合能力有待提升

在实际工作中，受限于地区经济实力、地区教育信息化发展水平及教育管理人员素质等差异影响，各地区的教育信息化系统建设参差不齐，教育数据收集、整合的难度大，教育数据分散而凌乱。各地区教育系统各自为政，“数据孤岛”现象显著存在，导致不能有效地对数据进行处理和整合。与此同时，由于现阶段政府数据处理平台及数据处理方式的限制，无法应对持续增长的数据需求，在日常教育工作中，无法对海量的教育数据进行有效的采集、整合、处理及分析，从而直接导致无法为教育决策的制定提供数据支撑。

（二）教育监测与评价缺乏支撑体系

随着我国信息化的不断发展，教育体系信息化建设成为我国政府机构信息化建设的重要组成部分。经过多年的积累，教育部已经依托现有分散的统计数据管理和采集系统，初步实现了对教育发展现状的监测。但由于各系统针对性较强，受众面和应用对象相对狭窄，监测数据反映的情况具有相当的局限性，在缺乏整体统筹分析的情况下，很难从宏观层面综合有效地对某项教育发展情况做出全面评价。

（三）教育数据缺乏共享及应用

自改革开放以来，我国对教育事业一直保持着高度重视，教育信息化建设也起步较早。进入21世纪，我国逐步开始建设教育信息化系统，时至今日已有20多年的时间，其间积累了大量的教育相关数据。但是，由于缺乏健全的存储技术、交换技术、数据挖掘技术等，大量宝贵的教育数据只能采取单机系统和小型数据库的方式进行数据处理，而未能进行统计分析与挖掘，因此难以为全国性的教育决策制定提供数据支撑。由此看来，在利用大数据技术推动教育现代化之前，我国的教育数据未能体现出自身应有的价值与贡献。

二、建设内容

大数据开启的信息时代已经到来，它在商业领域发挥巨大作用的同时，正大步向政府部门进军，其产生的思维革命正不断冲击着政府数据管理。“国家教育科学决策服务系统”，作为教育部教育服务与监管体系信息化建设的重点项目，是教育科学决策的核心支撑体系，是推动教育理论和政策研究深刻变革的公共服务平台。根据“国家教育科学决策服务系统”的整体建设规划与目标，针对教育部及各级教育部门的工作现状，我们要充分利用多途径数据资源，将现有的数据资源予以整合，初步建立覆盖全教育体系的数据仓库和主题分析模型，以科学模型为基础，对国内外教育发展情况进行有效分析，摸清国内外教育体系发展建设规律，为教育决策制定提供良好的数据支撑。

“国家教育科学决策服务系统”的建设依托久其大数据生态体系，以其商业智能平台为基础，构建了以数据整合平台、主题数据库、数据分析展现平台、信息发布平台为主的功能平台，实现了教育数据的全方位、立体化、多元化的分析展现。同时，有效整合了教育部各业务司局的相关业务数据，实现了教育行业各级、各类业务明细数据的动态加载、同步存储、实时分析。基于数据支撑，本系统共建设完成十大主题应用，分别是全国状况、各省状况、统计发布、动态监测、决策应用、教育与社会、国际比较、规划发展、定制服务和查询分析，实现了分析结果的PC端可视化展示，为国家深度了解教育资源分布情况、监控教育款项等提供了数据支撑。总的来说，系统建设内容主要包括数据整合、数据仓库、特色业务分析主题、实时监测及评价体系、统一业务平台等。系统整体框架如图6-5所示。

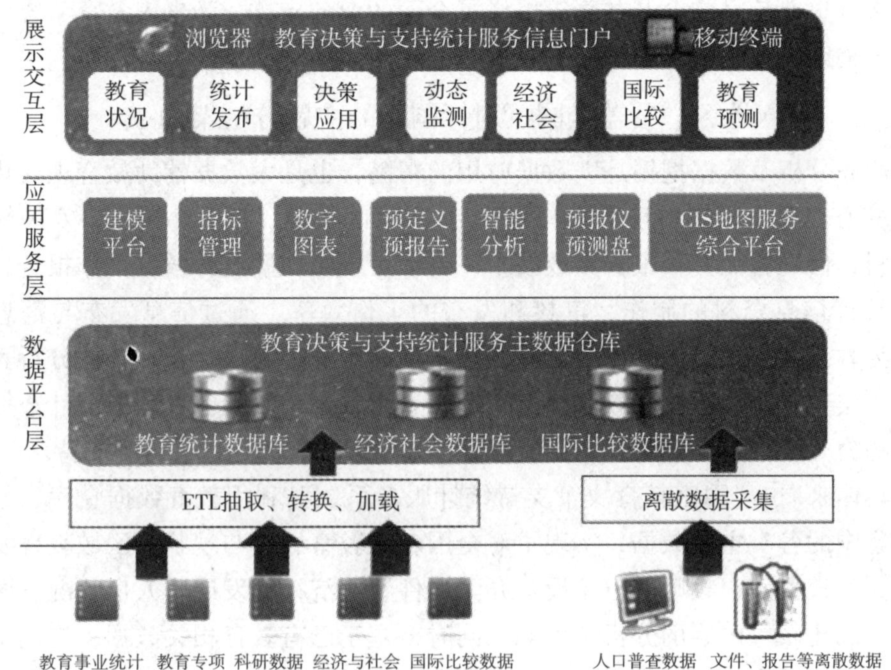

图 6–5　系统整体框架

（一）多源数据，全面整合

教育数据整合将我国教育事业自 1949 年以来的统计数据、我国经济社会发展数据、联合国教科文组织的公开数据等结构化数据按统一的口径和规范标准进行有效整合，将教育公告、年鉴、报告等非结构化离散数据通过离散数据采集器收纳整理，从而形成教育统计数据库、经济社会数据库、国际比较数据库三大主题数据库，实现了在信息采集过程中对内容烦琐纷杂的多源异构数据的整理。数据整合打通了各类教育系统、教育数据库之间的壁垒，解决了教育系统信息处理和整合能力弱的问题，攻克了“数据孤岛”难题，构建了整个教育系统内最大、最完整的教育大数据资源中心。

（二）统一平台，服务教育

久其软件设计的“国家教育决策支持统计服务系统”方案不再是简单的就教育论教育，而是以教育系统众多的信息化系统为基础，为我国教育目标的预测、教育发展规划的制定、教育资源的统筹和规划、教育政策措施的评估监测、教育事业信息的公开共享等提供了全面的业务支撑，为未来教育系统内各级领导辅助决策制定奠定了坚实的基础。

（三）深入地区、覆盖全国、对标国际的主题分析架构

业务分析及数据挖掘是大数据应用的精髓，也是大数据辅助教育现代化发展的核心。系统收集整理了我国教育70余年的年鉴、报告、快讯、发展简况等资料，借助智能分析报告生成技术，自动生成图文并茂的教育工作报告，提高了统计信息资料的制作、审核和发布的工作效率。通过信息发布与消息推送，为教育科研人员、社会公众提供教育统计年鉴、简报、公开数据分析表等信息，实现了公众关注的教育热点问题、教育政策调整细节、动态统计数据等信息的公开透明，为教育管理部门构建“服务型政府”提供了有力支持。

具体来看，“国家教育决策支持统计服务系统”利用教育数据仓库、教育数据集中的各类主题数据，实现了对全国各级教育历史与现状、区域教育发展情况、教育投入、教师队伍建设、办学条件、经济社会发展与人口状况、国际教育情况比较等内容的分析与展现。同时，基于已有教育相关数据，构建了全国人口与学龄人口预测模型、全国人力资源与教育水平预测模型等八大类预测模型。分析模型的构建能够实现对我国教育情况的深度分析与挖掘，识别各地区教育发展现状及预测未来发展趋势，从而为教育资源分配及政策制定提供数据支撑。

1. 统计发布

智能报告统计部门业务繁杂，整理各类报告、公告的工作量非常大，这一直是统计部门工作效率难以提升的主要原因。系统提供智能分析报告自动生成器，提升了统计人员的工作效率。

同时，系统还将记录、保存全部的离散统计信息，如定期发布的年度统计报告和不定期发布的一些专题统计信息。内容包括统计公报、发展情况、全国及各省概览、统计年鉴、统计报告、统计分析、统计快讯、发展简况、统计摘要等信息。

2. 动态监测，全面评价

“国家教育决策支持统计服务系统”构建的监测及评价体系以《国家中长期教育改革和发展规划纲要（2010—2020年）》及《国家教育事业发展第十二个五年规划》为核心思想，其目的是监测目标实现的进展情况。

通过构建监测及评价体系，实现了对教育事业的动态监控，能够及时发现并解决教育发展过程中出现的新问题，为教育大数据的深入应用和深度挖掘打好基础，从而最大限度地发挥监测系统在教育发展过程中的重要作用。

3. 教育与经济发展息息相关

将教育与经济进行关联分析是对教育数据的外围延伸和扩展，要避免就教育论教育的弊端。因此，在进行教育评价时，系统纳入了经济社会发展综合情况、经济与人力资源、人口与劳动力、国民受教育水平、教育与科技发展、财政与教育投入、居民消费与生活质量等指标数据。

4. 国际比较

放眼全球，在经济全球化的大背景下，任何教育决策或教育研究都离不开国际经济与社会的发展现状，需要以相关的国际经济和社会发展指标为参照。同时，将教育决策或教育研究置于国际化大背景下进行有利于提高教育决策或教育研究的科学性和国际化程度。因此，国际比较成为“国家教育决策支持统计服务系统”中不可缺少的子系统。

5. 规划发展，谋划未来

针对袁贵仁提出的“2020 中国教育的发展目标是什么，如何实现”，本系统以庞大的统计数据为基础，整合多家教育科研机构的科研成果，以信息系统的形式，将规划发展的目标落实到教育预测模型中。规划发展主要是对需要关注的指标的预测。基于数据分析及统计模块建设，实现了从多维度对教育情况的分析及预测，为国家制定教育政策、分配教育资源提供了数据支撑。

三、应用价值

（一）进一步推进教育现代化建设

自 2010 年提出《国家中长期教育改革和发展规划纲要（2010—2020 年）》以来，国家对教育发展工作愈加重视。现阶段我国教育仍然存在总体水平落后、地区发展不均衡的特点，因此采用传统的教育管理理念及方法很难推进教育现代化发展，而大数据技术的出现可以弥补传统教育的不足，使教育决策制定、教育资源分配更加精准、高效，从而加快推进教育现代化。

（二）提高信息处理能力及决策效率

充分利用现代信息技术，在集成各级、各类教育、经济社会发展及国际比较数据资源的基础上，依托科研力量，分析、评价、预测全国各地区教育发展的问题、现状及发展趋势。着力探讨教育统计数据用于管理和决策的现实需要与实现途径，基于定量分析及科学预测，为制定或调整教育发展战略及政策提供可靠的证据，为提升教育管理工作科学化水平提供数据支持。

（三）提升教育数据应用效率

久其教育大数据应用体系构建了数据整合、数据稽核、数据存储、数据分析、数据预测、分析结果展现等模块，实现了对教育数据从产生到最终应用的全流程覆盖，构建了整个教育系统内最大、最完整的数据仓库系统。其内容涵盖了我国从 1949 年以来的教育事业统计数据、经济社会数据、国际比较统计数据、教育师资 / 学生 / 办学条件等详细的业务数据及各类学校详细分布的地理数据等。

第三节　大数据技术在高校信息化中的应用分析

随着互联网技术的迅速发展，大数据带来的信息风暴正在改变我们的生活、工作和思维方式。那么，当这场风暴席卷高校的时候，到底会给高校教育信息化建设带来哪些变革呢？高校是数据的生产大户。我国高校数量多且规模大，万人以上的大学非常多，因此会产生大量的数据。在大数据时代，只有用好这些数据，才能更好地开展教学、科研、学生管理等工作，大大提高高校的信息化水平。

一、教学评估

大数据分析可以应用于教育数据挖掘。目前教育机构已经积累了大量数据，使研究者有更多的机会探究学生的学习环境和状态。通过监测这些信息，形成教育大数据库。通过数据流分析，总结教育规律、调整教学内容和教学模式，客观全面地评价学生学习成果和自身的教学成果。

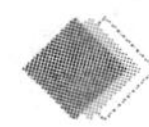

二、个体分析

对教育领域来说，大数据的应用让研究个体学习成为可能，也让针对性训练成为可能。通过分析学生的各类信息，如考试成绩的变化、借阅图书的种类、一卡通消费额度等信息，分析学生的学习状态。根据分析结果，对于不同的学生应因地制宜地制定相应的教学模式、培养方案。另外，也可以借助学校的微信公众平台为学生推送其感兴趣的资讯信息。

三、舆情预测

学生存在的问题和困惑往往最先通过网络显露和传播。如果学生的问题得不到重视或延误解决，就可能在网上广泛传播，个体情绪可能演变为群体的不满情绪，使网络成为舆论的放大器。通过分析学生网络访问轨迹实现积累监测，利用其需求、行为、动向等众多数据资源加强舆情分析和预警。另外，通过对学生数据的追踪和分析，能够发现情绪不稳定的学生或者受不法分子蛊惑的学生，及时将有可能发生的悲剧扼杀在摇篮里。因此，精准的预测分析能提升舆情管理工作水平，从而提高校园管理水平。

总之，大数据在教育领域的应用可以为学生提供一个量身定做的个性化学习环境、一个灵活调整的可控教育系统、一个教育问题早期预警系统，为教师了解学生学习途径和方法提供崭新的、可视的、可量化的新手段。

四、大数据在高校教育信息化应用中的挑战

今天，许多高校的领导者或许都已经或多或少地看到了数据挖掘带来的价值，然而在实际应用当中，却只有极少数的高校朝着“数据掘金”工程迈开步伐。的确，数据挖掘技术给人们带来了一定的挑战，甚至有一些神秘，那些复杂的算法和代码确实不像重视用户体验的 App 一样无须学习成本。在实践过程中，90% 的数据挖掘技术和数学模型并不神秘，甚至在很大程度上都需要大量重复性的工作，但是只有当这些技术和模型与每一个具体的业务实践相结合时，才能发挥它们的智慧。因此，任何数据挖掘工作的开展都需要做好三个方面的准备。

首先，收集和整理数据是一个枯燥冗长的过程。奥巴马竞选数据分析团队在竞选前两年就开始收集大量的信息，而他们做的第一件事情就是将民主党所

有各自独立零散的选民数据库汇总在一起。同样，当高校的数据分散在各地的服务器、各种文件、各种数据库中时，将这些数据进行有效的集中存储和格式清理是根基。

其次，做到“精准”。机器学习是数据挖掘中常用的方法，它的基本原理是让计算机从历史数据中“学习”其中的规律，并利用该规律对未来数据进行预测，这个过程也就是建模和预测的过程。

最后，模型需要根据实际情况进行动态调整。用户因环境、喜好或其他因素常常会导致其行为规律发生一定的变化，使其产生的数据也随之变化，这些变化将会影响模型的精准性。因而，我们需要随时动态地去调整模型。在奥巴马竞选的案例中，我们看到，在关键的“摇摆州”——俄亥俄州，数据分析团队获得了约2.9万人的投票倾向数据。这是一个包含1%选民的巨大样本，使他们可以准确了解每一类人群和每一个地区选民在任何时刻的态度。当第一次电视辩论结束后，选民的投票倾向发生改变。数据分析团队可以立即知道什么样的选民改变了态度，什么样的选民仍坚持原来的投票选择。

如今，我们正处于一个海量信息时代，当大量的数据从互联网、移动设备等各个源头中产生，并以每年50%的速度增长时，它们早已悄悄为人们建造了一座21世纪的数据金矿，等待着为人们在“微竞争”中获胜而效力。我们怎样来开采这些数据金矿呢？

（一）技术层面

1. 数据源的可用性

关于大数据的一个普遍观点是，数据自己可以说明一切，数据自身就是事实。但实际情况是，如果不仔细甄别，数据也具有欺骗性，就像人们有时会被自己的双眼欺骗一样。高质量数据的获取是确保信息可用性的重要前提。高校数据的来源多种多样，主要包括各职能部门的基本业务数据、教学资源的多媒体数据、使用网络的行为数据、无线网络感知的位置数据等。数据模态千差万别，如关系数据、标量数据、图数据、流数据、XML数据、矢量数据等，既有重复性数据，又有冗余性数据，质量参差不齐，加工整理困难。

2. 数据融合的可行性

众所周知，数据不融合就发挥不出数据的潜在价值，高校大数据面临的一个重要问题就是数据融合。作为知识和人才汇集的地方，高校大数据的融合应

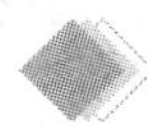

该走在前列，必须彻底打通“数据孤岛”，将各个业务充分整合。调研发现，目前高校所采用的数据库包括 Oracle、Sybase、Microsoft SQL Server、MySQL、Visual FoxPro 等。有些学校或部门甚至没有数据库，而是采用 Excel 管理数据。在这种基础上实现数据的有效融合，形成高质量的大数据，对融合技术是一个重要的挑战。

3. 数据分析的持续性

教育的规律有时很难总结，成功的个体也未必能够简单复制。评价教育本身的指标都有一定程度的缺陷，需要几年甚至更长时间的监测和不断更正。因此，高校中的大数据分析不仅需要横向对比，如职能部门间、兄弟院校间，更需要纵向历史数据的对比。无论是数据收集、数据清洗还是数据挖掘的模型，都需要随着每天产生的大量翔实而琐碎的数据信息进行调整和修正，这也是一个不小的挑战。

4. 数据挖掘的复杂性

大数据分析无疑是整个大数据时代的核心所在，因为大数据的价值就产生于数据分析的过程中。在高校大数据的应用中，无论是做个性分析还是舆情预测，都需要构建特定的挖掘模型。教育行业是一个特殊行业，传统的分析技术，如数据挖掘、机器学习、统计分析等，并不能完全满足高校大数据分析的需求，因此需要在数据预处理、算法模型、评价指标等方面做出调整。当然，数据挖掘的复杂性不仅是高校大数据所面临的挑战，也是整个大数据领域的巨大挑战。

（二）实施层面

1. 数据共享意识

大数据时代需要海量数据作为基础。高校中的大数据，其中很大一部分来源于各职能部门。而大量的数据分布在各个互相独立的职能部门中，甚至大量的信息资源成了个别部门的私有财产。造成这种状况的原因，一方面是年代久远，数据整理工作难度较大、工作优先级较低；另一方面是业务部门并不清楚哪些数据是可以被分享的、哪些数据是不能被分享的。归根结底，还是资源分享的意识不够。然而，信息资源只有在相互流动、形成规模效应的前提下才能够发挥最大的价值，因此需要加强高校的数据共享意识。

2. 人员配备与组织结构

高校内部各职能部门间信息资源规划的缺位导致了资源投入有差距、各部门一窝蜂建设，从而增加了数据资源共享、共用的壁垒。在大力推行教育信息化之前，很多学校并没有专门的信息化部门，技术人员储备不足，甚至没有。高校大数据的推行需要一批既懂得相关技术，又熟悉业务流程的技术人员。

3. 个人隐私保护

教育说到底是一个交互的过程，交互内容的收集在一定程度上与隐私是矛盾的。目前大数据的发展仍然面临着许多问题，安全与隐私问题是人们公认的关键问题之一，如教师的工资收入，学生的生活习惯、好友联络情况、阅读习惯、检索习惯等。多项案例说明，即使无害的数据被大量收集后，也会暴露个人隐私。如何做到大数据采集与用户隐私保护的平衡是一个很重要的研究课题。

五、大数据在高校教育信息化应用中的策略

（一）制定科学的数据规划

在教育信息化发展历程中，高校早期缺乏信息化的意识，积累的数据质量参差不齐。即使在大数据时代的今天，信息化工作人员对数据规划意识依然薄弱。其只是简单地意识到所有的数据都是有用的，但是具体怎么用、哪些可以共享，并没有明确的规划。通过制定科学的数据规划，在数年之内，它们只需凭借微小的调整和增加，就可适用于多种类型的系统和数据库。

（二）加强数据的质量管理

数据质量是数据分析结论有效性和准确性的基础，也是重要的前提和保障。对于大数据在高校的应用，数据的质量管理需要考虑以下几个关键问题。一是数据收集阶段的标准化、全面化、高效化。在收集数据时，既要满足收集速度和精度要求，又需要满足数据来源的质量要求，从数据源头保证数据质量。二是数据清洗过程中的合理化和精确化。去除大量的噪声数据，精确地提取有效数据，保证数据处理过程中的高质量。在此基础上，应建立良好的数据管理机制，包括加强数据标准建设、重视历史数据积累、学习数据处理技术等，以求在数据准备阶段提高数据质量。

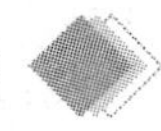

（三）构建“上推下主”的体制

高校的管理体制规定了机构设置、职责运行和权限划分，高校中推行大数据共享和应用显然要对传统管理模式所形成的利益关系进行调整，因而需要进行体制调整与改革。只有从顶层部门进行全面、细致、强力的规划推动，才能减少乃至消除职能部门间资源共享的屏障。信息化部门应借助自身在技术层面的优势，整合各个业务系统数据，形成数据中心，变被动为主动地去维护数据。同时，要为学校职能部门等不同层次的用户提供定制的主题数据分析。各职能部门也要充分沟通和配合，及时反馈和跟进。只有通过这种顶层推动、信息部门主导的模式进行体制改革，才能有效推进大数据在高校中的应用。

第四节　教育大数据技术在慕课、翻转课堂与微课中的应用探究

一、教育大数据技术在慕课中的应用

（一）慕课的学习分析

慕课的应用产生了海量数据，为学习分析与教育数据挖掘研究提供了基础。Coursera 在创建系统时就已经考虑到大规模的数据收集和分析，在其课程应用过程中，每个变量都会被追踪。例如，当一个学生暂停一段视频或者加快回放速度时，当学生回答一道测试题、修改作业或者在论坛上写下评论时，这些行为都将被 Coursera 的数据库捕捉。这种从细节化层面收集的学生行为信息为理论学习开辟了新的途径。edX 项目的目标除了建设网络教学平台外，也致力于教学研究，使 edX 成为教育研究工具。edX 研究者已经开始使用系统数据测试有关人们如何学习的假设，随着课程数量的增加，研究内容将更为广泛。通过追踪数百万名学生在线学习的过程，收集大量学生如何学习的数据，并自动进行实时分析，有可能发现人类学习的新特点，实现个体层面的课程定制，提高学习系统的适应性。

（1）吴恩达的“机器学习”课程。在 Coursera 上，吴恩达教授注意到大约有 2000 名学习者课外作业的答案是错误的，并且错误的答案居然是相同的。

显然，他们都犯了相同的错误。错误是什么呢？吴教授通过分析，发现原来这些学生将一个算法里的两个代数方程弄反了。他对课程进行了修正，如果其他学习者还犯同样错误的话，系统不仅会告诉他们做错了，还会提示他们去检查算法。

（2）edX 课程可视化。哈佛大学和麻省理工学院对 edX 平台上两校所开设课程的平台数据进行了分析，发布了一系列研究数据集和互动可视化工具。

（3）慕课完成率可视化。英国开放大学的研究者凯蒂·乔丹（Katy Jordan）分析了慕课数据，对课程完成率、考核方式进行分析，制作了交互式慕课信息图。信息图提供了两种表示方式：一种是横坐标为课程注册人数，纵坐标为课程完成率，不同颜色表示课程的考核方式；另一种是横坐标为课程授课周数，纵坐标为课程完成率，每一个信息点为一门课程，鼠标放在上面时会显示这门课程的信息。

（二）自适应学习系统

基于教育数据挖掘和学习分析技术将推动自适应学习系统的构建和应用。自适应学习是一种利用计算机来学习的新方式，系统能够实时评估学生的思维，为每个学生自动定制个性化的学习内容和路径。任意两个学习者都有不同的特征，如具有不同的教育背景、智力程度、注意力范围和学习方式，以不同的速率学习和遗忘等。因此，有效的学习应是针对每个学习者的个性化学习。在自适应学习的条件下，可针对每一位学习者的个性化需求进行适配。学习不是一个被动接受知识的过程，而是在解决问题的过程中主动发现知识的过程。

在典型的自适应学习系统中，学生在计算机上阅读教材并完成练习，计算机将学生学习进展情况发送至数据库。预测模型将分析这些学习数据，再结合学校或学区保存的学生的背景信息，预测学生在课堂上的表现。教师和管理员可以在操作面板上查看学生的学习进展。预测模型同时将信息反馈给自适应系统，以调整教学策略。如有必要，教师和管理员可以越过自适应系统，直接干预学生的学习内容。

Knewton 是一个提供个性化教育的网络教育平台，其核心技术是自适应学习技术，通过数据收集、推断及个性化学习三个步骤来提供个性化的教学。其中，数据收集阶段会为学习内容中的不同概念建立关联，然后将类别、学习目标与学生互动集成起来，再由模型计算引擎对数据进行处理以供后续阶段使用；推断阶段会通过心理测试引擎、策略引擎及反馈引擎对收集到的数据进行

分析，分析的结果将提供给建议阶段进行个性化学习推荐使用；个性化阶段则通过建议引擎、预测性分析引擎为教师与学生提供学习建议，并提供统一、汇总的学习历史。

对于学习者来说，自适应学习通过实时反馈、社区与合作、游戏化等手段，帮助学习者增强自信，减少不适和沮丧，改善参与效果，鼓励学习者培养良好的学习习惯。对于教师来说，自适应学习能够让教师掌握学生在整个课程中的表现，也可以深入研究一个学生的学习概览以及了解是什么让这个学生的学习变得艰苦，从而更好地洞察学习者的学习效率、参与程度及记忆力。

（三）慕课的进化

颠覆性创新（disruptive innovation，也称破坏性创新）理论是由 Innosight 公司的创始人、哈佛商学院的商业管理教授、创新大师——克莱顿·克里斯坦森（Clayton Christensen）提出的，其旨在描述新技术带来的革命性影响。

克莱顿·克里斯坦森和迈克尔·霍恩（Michael Horn）通过对慕课的分析，认为慕课是一种颠覆性的改变。以往的颠覆性改变往往由利益的下层链条发起，而此次则是由利益既得者（名校）发起。颠覆性表现在以下三个方面。

（1）非目标客户被包括进来。虽然与传统高校教育服务相比，慕课还有很多不足之处，但慕课的免费特征使它可以辐射到原本无法接受高等教育的一大群用户。

（2）逐渐向中高端市场挺进。颠覆性创新往往不是一开始就与利益既得者争夺客户，而是随着时间的推进不断优化，逐渐挺进中高端市场。最终，颠覆性产品的性能会达到足够好，从而让市场中的既有客户自觉选择它们。

（3）重新定义什么叫“好”。颠覆性创新最终会改变整个市场对“品质”的定义。在现有的大学体系下，对大部分教师的评级标准都是基于他们的学术研究质量，而非他们的教学质量。在未来，提供哪些课程将取决于雇主（这里指付费的学生），而非教师的研究兴趣。目前，慕课已经在几个方向上摆脱传统教育的束缚。例如，Udacity 的课程就开始发挥在线媒介的优势，从基于时间控制的学习模式转向基于个人能力的学习模式（按学生的掌握情况而非简单地依照学时推进课程）。

克里斯坦森和霍恩认为，初期的慕课还依赖“流程型的商业模式”，即教育公司将所有内容输入聚于一端，然后将这些内容转化成价值更高的输出，以提供给另一端的客户。这与零售业和制造业是一样的。而慕课的意义在于有可能演化成“规模化的业务”。它将通过网络教学和教育数据，使成千上万名学生的学习得以实现最优化、个性化。这与简单地将教授的讲座视频放到网上是截然不同的。因此，在慕课的进化过程中，其目标是要打造出交互式的课程，不仅教学生，也从学生那里得到反馈信息，这样课程内容就可以针对学生的个人能力和需求自行调整，即实现自适应学习。未来发展中个体的学习会变成一个连续性、终身式的过程，这将对个性化教学提出更高的要求。在这种情况下，自适应学习（如 Knewton）这种能够为学生提供个性化学习指导的平台就可能比现有的慕课能更好地服务于学生。

二、教育大数据技术在翻转课堂中的应用

（一）翻转课堂的内涵

翻转课堂是指由教师录制教学视频，学生在课外观看视频，然后再到课堂上与教师、同学面对面地分享和交流学习体验和心得，以此来实现教学目标的一种全新的教学模式。翻转课堂以建构主义的学习理论为指导，依托现代教育技术，颠覆了传统的教学模式，其主要包括教学设计、教学视频录制、网络自学、协作学习、个性化指导、教学评价等。翻转课堂实施结构模型如图 6-6 所示。

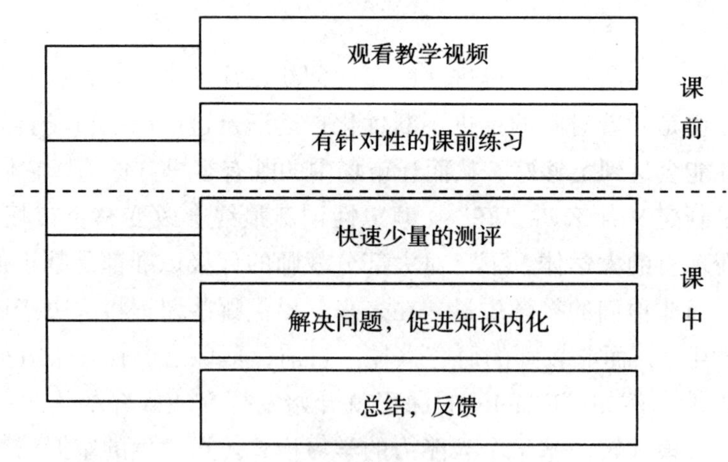

图 6-6　翻转课堂实施结构模型

（二）翻转课堂的优势

翻转课堂具有传统教学所不具有的优势，具体表现如下。

（1）翻转课堂突破了教学局限。虽然传统的课堂教学仍然是传授知识的主要形式，但是传统教学模式的局限在于教学必须在特定的时间发生，如上课时间必须是 40 ～ 50 分钟；教学发生的地点也是有局限的，如必须在教室。如果一位学生恰好需要参加某项活动，如训练、比赛或者做义工等，就无法去学校按时上课。一些由于特殊原因不方便频繁地去学校或者学习接受能力较弱的学生，翻转课堂带给他们的方便就是可以在家自主学习，直到把知识掌握为止。因此，翻转课堂突破了时间和空间的限制，给学生带来了极大的方便。

（2）翻转课堂重构了教学结构。教学结构是指在一定环境中展开的由教师、学生、教材和教学媒体四要素相互作用、相互联系而形成的教学活动的进程的稳定结构形式。目前，常见的教学结构有三种：以教师为中心的教学结构、以学生为中心的教学结构、“主导—主体”的教学结构。我们可以根据翻转课堂的内涵判断，翻转课堂不属于以上任何一种教学结构。翻转课堂把“先教再学”变为“先学后教”，把“以学习结果为主”变为“以学习过程为主”，把“以教导学”变为“以学定教”等。翻转课堂重构了教学结构，使教学结构在不同的环节具有不同的特点。

（3）翻转课堂体现了新的教学理念。首先，翻转课堂使学生的学习更加个性化。每个学生在学习能力和学习兴趣等方面都有一些差异，虽然传统的教学已经意识到了这一问题，但是不能很好地因材施教。而翻转课堂则是在课前通过视频讲解来进行分层教学，然后在课堂上对学生进行有针对性的指导。其次，翻转课堂使课堂职能有了一定转变。在传统的教学模式中，教师必须在课堂上用 40 ～ 50 分钟的时间为学生讲解课程内容，并且要在规定的时间内将教学所规定的内容全部讲完。在这个过程中，学生如果稍微出一点差错，就会跟不上教学进度，从而影响教学效果。而翻转课堂在一定程度上弥补了传统课堂的不足，使课下学习、课堂互动分工明确。最后，翻转课堂更加注重交互。翻转课堂的课前交互将教师与视频教材的交互、教师与学生的交互、学生与视频的交互都包含在内；在课堂中的交互包括师生间的交互和学生之间的交互。与传统课堂展现教学内容、提问、交流、讨论等交互方式相比，翻转课堂有效地提高了课堂互动的质量和数量。

三、教育大数据技术在微课中的应用

教学与知识传授和知识吸收两个过程是分不开的。传统教学模式是在课堂上传授知识，在课外吸收知识。而翻转课堂则把两者进行调换，改变了知识传授的地点，学生在课前进行自习，在正式上课时则由教师对学生提出的疑惑进行专门讲解，使学生更好地吸收知识。教师也由原来的“知识传授”转向辅助学生吸收知识。所以，师生角色的转换是翻转课堂的定位。微课这种新型的教育资源在翻转课堂中的作用就是替代教师，帮助学生完成知识吸收。微课教学模式如图 6–7 所示。

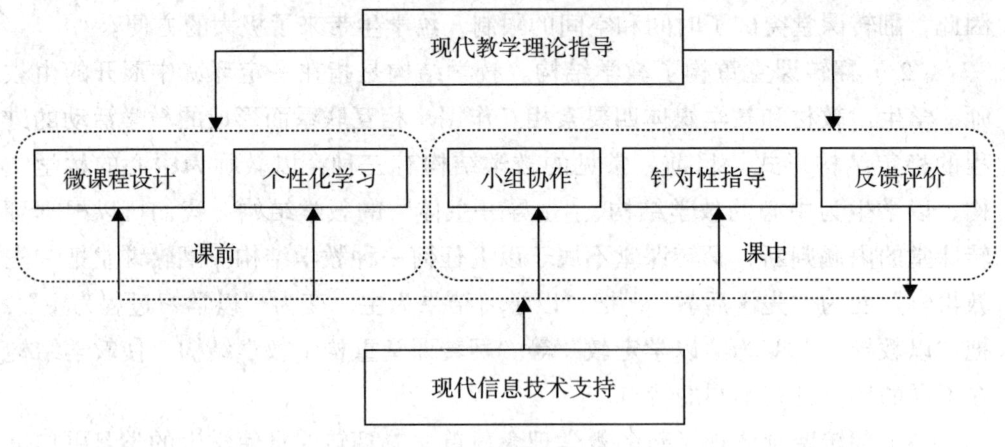

图 6–7　微课教学模式

微课的选题、设计、制作、教学应用、反馈与完善等环节都应该被包含在完整的微课开发环节之内，而微课教学应用之后都会有学生的反馈，这样就能够进一步促进微课的再设计与完善。其具体开发步骤如下。

（1）选题。微课在选题上选择的知识点不宜太多，因为它主要是针对某一知识点展开的。

（2）教案编写。微课不仅包含视频，还包括教案、教学课件等其他资源要素。因此，选题做好后就可以编写教案。教案编写的内容一般包括教学背景、教学目标、教学方法和教学总结等。

（3）课件制作。微课的课件采用的是幻灯片格式，对选定的知识点进行设计。课件制作要简明清晰，不要有太多不必要的文字。

（4）微视频制作。完成上面的步骤之后，就可以制作微视频了。首先，选择视频录制的方法。录制视频的方法有以下几种：①摄像机加黑板。这种方法是用黑板或者投影当背景，教师在黑板或者投影前进行讲解，通过摄像机录制下来。这种方法最好有助手配合，让助手控制摄像机和课件的放映。②使用录

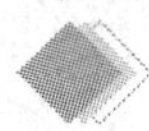

屏软件。这种方法是比较简单的，自己就可以独立完成。使用录屏软件把教学过程录制下来，其中包括声音、图像及整个屏幕操作。为了使录入的声音更加清楚，在录制的时候要尽量使用话筒，再使用非线性编辑软件对录制完的视频进行后期制作，形成微课视频。

微课的开发制作步骤如图 6–8 所示。

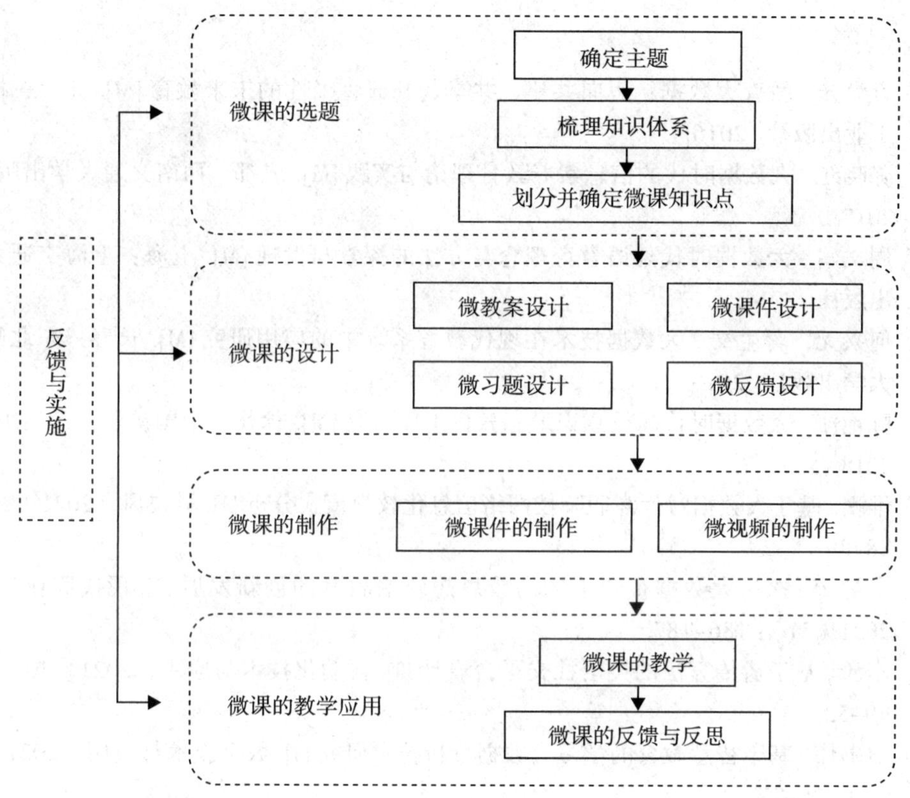

图 6–8　微课的开发制作步骤

参考文献

[1] 方海光．教育大数据：迈向共建、共享、开放、个性的未来教育 [M]. 北京：机械工业出版社，2016.

[2] 陈晓红．大数据时代的信息素养教育理论与实践 [M]. 成都：西南交通大学出版社，2017.

[3] 周文娟．大数据时代外语教育理念与方法的探索与发现 [M]. 上海：上海交通大学出版社，2014.

[4] 何兴无，蒋生文．大数据技术在现代教育系统中的应用研究 [M]. 长春：东北师范大学出版社，2019.

[5] 陈艳萍．大数据时代高校意识形态教育工作研究 [M]. 徐州：中国矿业大学出版社，2018.

[6] 淮鹏．基于大数据时代高职院校网络信息化教学模式分析 [J]. 科技风，2021（21）：88–89.

[7] 王婷婷．探讨大数据视角下的高校思想政治教育的创新发展 [J]. 现代职业教育，2021（31）：186–187.

[8] 李潇．基于遗传算法的英语社交平台设计 [J]. 自动化技术与应用，2021，40（7）：49–52.

[9] 贾书伟．基于智慧教育的学习大数据分析技术研究 [J]. 数字技术与应用，2021，39（7）：75–77.

[10] 周景报．大数据时代高校思想政治教育模式创新研究 [J]. 文化创新比较研究，2021，5（21）：61–64.

[11] 李凤英，何屹峰，王同超．融入智能图元技术的学生个性化成长系统之构建与探索 [J]. 远程教育杂志，2021，39（4）：42–51.

[12] 张金领．大数据时代下高校教育管理转型路径研究 [J]. 中国管理信息化，2021，24（14）：214–215.

[13] 李伟．探讨计算机数据挖掘技术在互联网中的应用 [J]. 长江信息通信，2021，34（7）：119–121.

[14] 许文芝．数据挖掘与学习分析在智慧课堂中的应用研究 [J]. 湖北开放职业学院学报，2021，34（13）：123–124，127.

[15] 庞楠 . 大数据时代高等教育规范化管理探讨——评《大数据时代高等教育规范化管理研究》[J]. 教育理论与实践，2021，41（20）: 2.

[16] 吴之杰，黄木 . 大数据视域下高校思想政治教育的新路径 [J]. 山东青年政治学院学报，2021，37（4）: 54–60.

[17] 孟笑曼 . 大数据时代高等教育学生核心素养的培养 [J]. 大学，2021（26）: 127–129.

[18] 朱毅，李云，强继朋，等 . 数据挖掘课程教学模式改革与探索 [J]. 科教文汇（下旬刊），2021（6）: 108–109.

[19] 林锦忠 . 人工智能技术在信息化课堂中的应用探索 [J]. 北京印刷学院学报，2021，29（6）: 130–132.

[20] 李福顺 . 教育数据挖掘的在线学习机制研究 [J]. 微型电脑应用，2021，37（6）: 163–165，170.

[21] 文献梅，高晓波 . 基于教育大数据的高校教育改革研究 [J]. 科技风，2021（17）: 77–79.

[22] 龙虎，彭志勇 . 大数据智能分析与数据挖掘研究 [J]. 电脑编程技巧与维护，2021（6）: 108–110，131.

[23] 林维秋，孙崴 . 大数据背景下现代教育技术多元化应用研究 [J]. 中国管理信息化，2021，24（12）: 229–230.

[24] 王理想，石琳，廖永红 . 基于数智技术的教育教学评价研究 [J]. 电子技术与软件工程，2021（12）: 196–198.

[25] 迎梅 . 大数据时代的数据挖掘与应用 [J]. 网络安全技术与应用，2021（6）: 51–52.

[26] 李玉君 . 基于大数据技术的高职学情分析方法探析 [J]. 无线互联科技，2021，18（11）: 125–126.

[27] 覃琼花 . 基于大数据的个性化学习模式研究 [J]. 江苏科技信息，2021，38（16）: 62–64.

[28] 周化钢，黄志昌，彭越 . 大数据视角下智慧教育生态系统需求分析与架构设计 [J]. 中国教育信息化，2021（11）: 71–75.

[29] 张敏 . 大数据时代高校思政教育创新发展研究 [J]. 教育教学论坛，2021（22）: 57–60.

[30] 徐长文 . 基于数据挖掘的高校学生心理危机状态识别研究 [J]. 现代电子技术，2021，44（11）: 120–124.

[31] 苏玉霞 . 大数据背景下统计案例的教学改革与实践 [J]. 大学教育，2021（6）: 102–104.

[32] 段超 . 大数据背景下的开放教育计算机专业教育改革研究 [J]. 数字通信世界，2021（6）: 261–262.

[33] 裴华 . 教育大数据在教育管理与决策中的应用研究 [J]. 佳木斯职业学院学报，2021，37（6）：111–112.
[34] 李方东 . 新时代大数据专业课程思政教学探析 [J]. 吉林工程技术师范学院学报，2021，37（5）：42–45.
[35] 尤耀华 . 基于智慧教育的学习大数据分析技术研究 [J]. 电脑知识与技术，2021，17（15）：45–47.
[36] 程光璇，刘慧 . 大数据环境在“计算机组装与维护”课程教学改革研究中的应用 [J]. 无线互联科技，2021，18（10）：137–138.
[37] 李爱霞，舒杭，顾小清 . 打造教育人工智能大脑：教育数据中台技术实现路径 [J]. 开放教育研究，2021，27（3）：96–103.
[38] 崔薇薇 . 大数据背景下教育管理信息化建设创新策略 [J]. 吉林广播电视大学学报，2021（3）：61–63.
[39] 马香平 . 大数据工程教育之统计学与计算机科学融合分析 [J]. 网络安全技术与应用，2021（5）：103–104.
[40] 包新月，马春 . 基于大数据云平台下的教学模式研究 [J]. 电脑知识与技术，2021，17（14）：78–79.
[41] 唐利红 . 大数据及其关键技术的教育应用 [J]. 电子技术与软件工程，2021（10）：136–137.
[42] 张宁 . 大数据背景下我国高等教育管理的现状分析 [J]. 现代职业教育，2021（20）：214–215.
[43] 罗利能，吴秋蓉，石莹禹，等 . 智能化数据挖掘学习平台的设计与实现 [J]. 计算机技术与发展，2021，31（5）：168–173.
[44] 张超 . 大数据技术下学校教育管理工作改进策略研究 [J]. 大学，2021（18）：49–52.
[45] 刘雪婷 . 大数据时代高校网络信息安全法制教育研究与实践 [J]. 邵阳学院学报（社会科学版），2021，20（2）：94–98.
[46] 刘英 . 大数据背景下的计算机专业教学改革探讨 [J]. 无线互联科技，2021，18（8）：118–119.
[47] 徐建成 . 基于大数据的信息技术精准教学模式探究 [J]. 基础教育论坛，2021（12）：109–110.
[48] 梁伟，贾名先，苑宁萍 . 基于 Python 的大数据技术对线上教学情况分析与研究 [J]. 电脑知识与技术，2021，17（11）：111–112.
[49] 顾添笑 . 大数据时代高校教育管理信息化建设研究 [J]. 教育信息化论坛，2021（4）：40–41.

[50] 黄伟大 . 大数据分析与挖掘技术在高校学生线上学习中的应用 [J]. 中国新通信，2021，23（7）: 109–110.
[51] 王艳萍 . 基于教育大数据分析的高校智慧教学策略构建 [J]. 数字通信世界，2021(4): 255–256.